石川純治
Ishikawa
Junji

楕円の思考と現代会計

会計の世界で何が起きているか

日本評論社

まえがき――楕円の思考

国際会計基準（国際財務報告基準：ＩＦＲＳ）に代表される現代の企業会計は、これまでの伝統的会計から大きく変容（変質）・乖離してきています。このことにまず異論はないと思われますが、問題はその変容をどう捉えればよいかです。

この点は論者によって異なるでしょうが、本書では特に2つの異なる中心をもつ楕円の見方（楕円の思考）が現代会計の特徴（特異性）を捉える重要かつ有効な視点になることを明らかにしています（第1章「楕円の思考と現代会計」）。

読者にはこの楕円の思考を十分踏まえて各章を読んでいただきたいのですが、特に異質な2つの中心（それが何であるかは第1章参照）がそれぞれの文脈のなかで具体的にどのような形で現れているか、この点を読み取っていただければと思います。そのことで各章を横断的に読むことができると思うからです。

ここでその一例をあげてみれば、ＰＬ脳とファイナンス脳、黒字よりも企業価値、（第2章「ＰＬ脳は病なのか」）、利益の計算と財務実態の開示、異なる目的間の矛盾・乖離（第3章「ハイブリッド会計の検証」）、財務諸表の主役はいずれか、フロー中心思考とストック中心思考、2つの異なる実態観（第4章「経済世相と現代会計」）、アクルーアルと相場変動損益、発生主義と公正価値（第5章「東芝問題の発覚と『利益の質』」）、といった具合です。

他の章も、それぞれの文脈において2つの中心がどういう形でどう現れているか、読者自ら見つけていただきたいと思いますが、重要なことは各章において現代会計における対立、矛盾、歪み、調整といった異質なもののぶつかりが何処から来ているか、その根っこのところを理解することです（プロローグ参照）。

こうして現代会計の全体的な変容の形を異質な2つの中心をもつ楕円形として捉えると（現代会計の楕円性）、実務において特定の会計基準がなぜ複雑な会計処理を要求しているかもよく見えてくるといえます。

現代会計の1つの典型である資産除去債務の会計と減価償却の論点も（第3章）、さらには企業会計にとってもっとも重要な利益の概念もただ1つではなく、伝統型の純利益、現代型の包括利益、そして両者をつなぐ「その他の包括利益」（ＯＣＩ）となりますが（第9章、第10章）、それもまた現代会計のもつ楕円性、つまり現代会計のハイブリッド性（異種併存）と矛盾性という観点から説き明かすことができるのです。

以上、本書は大きく変貌している今日の企業会計を、実務レベルの解説にとどまることなく、より根っこにあるものから、その変貌の正体を解き明かそうとしたものです。

揺れ動く現代会計の行方を見定めるにはどのような見方・思考が有効なのか、本書がそのための一助となれば幸いです。

■目次

プロローグ　会計の世界で何が起きているか――円形から楕円の会計へ

楕円形としての現代会計――変貌の根っこ

本書は「まえがき」にも書きましたように、大きく変貌している今日の企業会計を、実務レベルの解説にとどまることなく、より根っこにあるものから、その変貌の正体を解き明かそうとしたものです。その基礎にあるのは第1章での楕円の思考、すなわち楕円形としての現代会計（現代会計の楕円性）という見方、捉え方です（端的には図表1-1参照）。

ここで、ことさら楕円の思考といわなくても、二重構造とかハイブリッド（異種併存）構造といえばよいのでは、といわれるかもしれません。実際、私はこれまで「ハイブリッド会計」という用語を用いてきました。しかし、単にイメージとしてのわかりやすさだけでなく、より全体的、包括的な見方として、そしてなによりも中心が1つである円形の見方との相違を際立たせるには、焦点（中心）が2つある楕円の見方がぴったりといえます。

あたかも楕円形のラグビーボールがどこに転がって行くか予測がつかず、きわめて不安定であるように、現代の企業会計は楕円性という特異性ゆえに、その行方は定かでなく、大きく揺れ動いているといえます（その典型はのれんの償却問題、第11章補論1参照）。楕円形としての現代会計という捉え方は、この点でもぴったりなのです（第1章の付記参照）。

会計の世界で何が起きているか

さて、本書にはいろいろな読者が想定されます。実務に携わっている専門家や学生・教員など大学関係者はむろんですが、特に会計に関心はあってもさほどの予備知識をもたない読者もおられるかと思います。

ただ、後者の読者もふくめて、会計の世界で今何が起きているか、このことを知りたいという点では、それぞれの予備知識は違っていても、その関心は共通していると思われます。それだけ今日の企業会計は大きな変貌を遂げており、何が論点なのか見えにくくなっているといえます。

そういう共通の関心やニーズに応えるには会計基準や会計処理といったレベルでの解説では十分とはいえません。むしろ、その根っこにあるものを思考のレベルから明らかにしていくことがなによりも重要といえます。その点で、個別テーマを扱う専門書よりも、より広く今何が起きているかその全体の形を見せるとか、あるいは歴史から現在を知り将来を見通すといった、いわば啓蒙的な書物がその共通の関心にとって真に求められるところといえるでしょう(1)。

以下、読者にあっては本書の読み方も踏まえ全体構成のながれをしっかりつかんでいただければと思います。

「円形の会計」から「楕円形の会計」へ―変貌の形

現代の企業会計の変容のあり方を知るには、まずなんといっても戦後の会計制度の歴史（史的変遷）をみておく必要があります。ここでも、むろん2つの中心が登場します。すなわち、伝統的な1つの中心（「企業会計原則」の中心思考）をもつ「円形の会計」から今日の異質な2つの中心をもつ「楕円形の会計」にいたる史的変遷の過程です。端的に、円形から楕円形の会計へというわけです。

その点で、第1章を読まれたあと、まずこの点を論じているパートⅢの第7章に進み、さらに第8章において視点をより大きく世界史のなかで捉えていくと、会計の世界で今何が起きているか、その根っこにあるものがよく見えてくるといえます。そして、そこでの議論を踏まえて、パートⅣ（第9章～第11章）では異質の中心をもつにいたった現代の会計制度の中心課題（焦点）が何であるか、そこに2つの中心がどう対立し作用しているか、これがテーマになります。パートⅢからパートⅣのテーマへのつながりで読んでいただければと思います。

また、特に現実に起きている時事問題に関心のある読者は、石油元売り会社（在庫の評価損）や資源開発の商社（巨額の減損）、そして世間を揺るがした東芝問題（不正決算問題）の事例を扱っているパートⅡ（第4章～第6章）を先に読むこともできます。ここでも、第1章での異質な2つの中心が登場してきますので、その点を時事という現実の問題のなかで読み取っていただければと思います。いずれにせよ、パートⅠから順に読む必要はありません。読者のそれぞれの関心に応じて4つのパートのいずれからでも読んでいくことができます。そのためにも各パートに各章をつなげる主題を付しています。

異質な2つの中心の現れ方――全体的、包括的な見方

こうして、異質な2つの中心は、文字通り会計学でいうところの資産・負債（ストック）中心観と収益・費用（フロー）中心観の対立はむろんのこと、様々な局面に応じてそれぞれ異なった顔をだしてきます。重要なことは2つの中心の関係、つまり両者をどうつなぐか（つながらないか）、この問題といえます（エピローグ参照）。

その異なる中心がぶつかる様々な局面は、たとえばハイブリッド減価償却（第3章）、その他の包括利益とリサイクリング（第9章）、のれんの償却・非償却問題（第2章、11章）など、本文でもいくつか明記していますが、読者には（本書以外もふくめて）その様々な現れ方（顔）をリストアップするなどして、その全体像をつかんでいただければ本書のいっそうの理解に役立つと思います。そのさい、さらに何らかの座標軸（その一例として第9章図表9-2参照）を設定して各局面での対立や矛盾を、その全体図のなかで位置づけるとよいでしょう。[2]

そして、ここで重要なことは、その2つの中心の様々な局面での現れ方は異なっても、その根っこは同じということです。したがって、異なる2つの中心をもつ楕円でもって今日の企業会計の変

容（変貌）、とりわけその全体の形を見せることは、先にも述べたように、より全体的、包括的な見方になっているといえるのです。

以上、本書では会計の理論、制度、歴史、そして思考を縦横に織り交ぜながら4つのパート構成でもって議論していきます。特に、先にも述べたように、円形から楕円形の会計への変貌がどういう場面においてどういう形（対立、矛盾、歪み、調整）として現れているか、そこに2つの中心がどう作用しているか、そこを読み取っていただければと思います。

注

（1）ちなみに、ここで「啓蒙」というのは「蒙」（何が起きているか）を「啓く」（明かす）という意味をこめています。そして、この点は「教養としての会計学」という点にも重なります。その一端は『複式簿記のサイエンス』147頁のコラム6参照。

（2）その座標軸としては、㋑会計基準、㋺理論、㋩思考、㋥制度などレベルを異にするいくつかの基軸を設定してその全体図を体系立てて描くことが考えられます。この点は『基礎学問としての会計学』第4章第3節（2）での「全体を見せる」、特に図表4・6（79頁）、および4つのレベルで全体を示している図表4・7（80頁）を参照。関連して、「全体を見る」ことの重要性は、『変貌する現代会計』第2章での「良質の不安」（26頁）という点を参照。

※本書で引用の拙著は書名のみの記載に略しています（出版社・出版年は著者紹介を参照）。

I 楕円の思考と現代会計

1 楕円の思考と現代会計

2つの中心

国際会計基準（国際財務報告基準：ＩＦＲＳ）に代表される現代の企業会計は、これまでの伝統的会計から大きく変容（変貌）・乖離してきています。このことにまず異論はないでしょう。ただ、問題はその変容をどう捉えればよいかです。

この点は論者によって見解は異なるでしょうが、本章では特に2つの異なる中心をもつ楕円の見方、ないし楕円の思考が現代会計の特徴を捉える重要かつ有効な視点になることを明らかにしたいと思います。

「まえがき」でも述べたように、この楕円の見方が各章を貫く重要な視点になります。本章でじっくり理解していただければと思います。

図表1-1　変容の3つの見方―拡張、補完、区別―

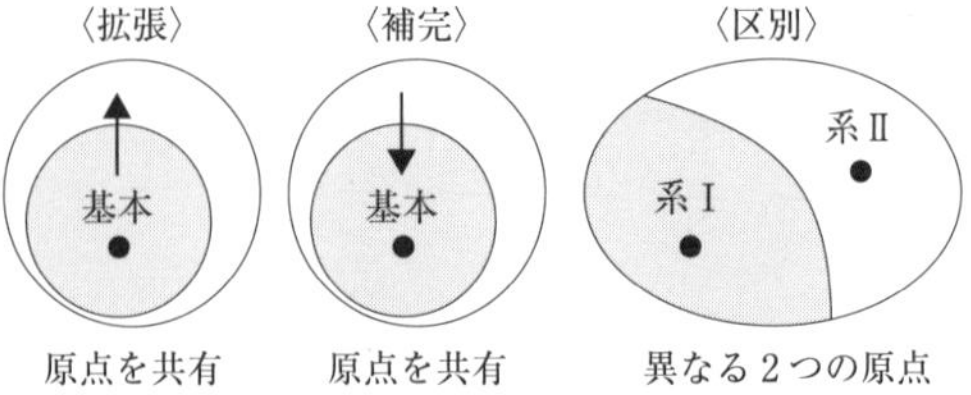

（『変貌する現代会計』70頁、図表4-1より）

変容の3つの見方―円と楕円

さて、現代の会計の変容をどう捉えるか。私はその見方に大きくは3つ――「拡張の論理」（拡張説：基本＋拡張）、「補完の論理」（補完説：基本＋補完）、「区別の論理」（別枠説：系Ⅰ＋系Ⅱ）――あることを、いろいろな機会、たとえば放送大学でのテレビ講義などをとおして説明してきましたが、『変貌する現代会計』（第4章「変容の全体的捉え方」）では変容の3つの見方をわかりやすく構図の形で示していますので、ここで再録しておきたいと思います（図表1-1、網掛部分は伝統的な収支配分型の会計）。

すなわち、前者の2つの見方（拡張説、補完説）はいずれも1つの中心（原点）を共有する円形として示されますが、第3の見方（区別による別枠説――これが私の見方）は2つの異なる中心をもつ楕円形で示されています(1)。この円形と楕円形の相違がミソといえます（補注1）。

▼補注1　伝統型の中心（原点）―収支配分型の利益計算

ここで図表1-1の網掛部分で示している伝統型の中心（原点）が何であるか、この点が重要な論点になります。この点は、第2章の補注4で説明しますが、端的に減価償却と引当金がその2大支柱である収支配分型の利益計算の構造です（ＣＡＡモデル、『変貌する現代会計』90頁）。また、この3つの見方による変容の大きさ（度合い）の捉え方も自ずと異なってきます。すなわち、それぞれ小、中、大となります（同書72頁図表4-2）。

まさに、「矢印および原点（中心点）に注意する必要があります。特に、第3の見方（区別）が2つの原点をもつ楕円形で描かれている点に注意してください。原点を共有するという（前者2つの見方の―引用者）秩序とは性格が異なる点、また原点が2つあるという点で、楕円は第3の見方（異種併存説）にピッタリのイメージといえますね」（同書71頁、傍点引用者）と述べ、この第3の見方による現代会計を端的に「ハイブリッド会計」（異種併存会計）とよびました。

ここでは次の一節を引用しておきます。なお、第3の見方での全体を構成している2つの系、すなわち系Ⅰ（伝統型）と系Ⅱ（現代型）については、とりわけ両者の特徴比較は第9章で詳しく説明します（図表9-2）。(2)

「（中略）重要なことは、それが会計思考、会計枠組み、会計目的など会計全体にかかわるハイブリッドから来ているという点です。適正な期間損益計算（記録計算志向）という一本道（単線）ではなく、財務実態や財務リスクの情報開示（情報開示志向）が求められています（両目的を果たす合成・

図表1-2　ハイブリッドの基礎にあるもの―枝葉・幹・根・地層―

	（系Ⅰ）伝統型	（系Ⅱ）現代型
会計ルール（枝葉）	ルール集合A	ルール集合B
会計原則（幹）	企業会計原則	概念フレームワーク
会計思考（根）	動態論的思考	企業価値的思考
経済（地層）	実物経済（現実資本）	金融経済（貸付・擬制資本）

（『基礎学問としての会計学』78頁図表4.4より）

複合会計）。さらに、その背景にそうした会計のあり方を促す会計環境の変化（社会経済的基礎の変化→会計への時代要請の変化）があります。」

（同書69頁、コラム5「『ハイブリッド』という今日性」より、傍点は引用者）

そして、さらに重要なことは、このハイブリッドの基礎にあるものが何であるか、この点を明らかにすることです。

ハイブリッドの基礎にあるもの―「樹木のたとえ」と2つの中心

ここで、その基礎にあるものをわかりやすく「樹木のたとえ」でもって説明してみたいと思います。すなわち、図表1-2は先の図表1-1での楕円の2つの中心を樹木にたとえて描いたものです。特に、枝葉・幹・根・地層の4つのレベル（4層構造）での対比に注意していただければと思います。

ここで重要なことは、枝葉（会計ルール）だけでなく、むしろその幹（会計原則）や根（会計思考）、さらにはそれが根付くところの地層（経済の土壌）およびその変化もふくめた、より大きな枠組みでのハイブリッドという点です。

こうした見方からすれば、今日の企業会計はあたかも種を大きく異にする2つの大樹AとBとが交差しながら並立しているわけで、強調されるべきは、それが「見える」ところ（枝葉、幹）だけでなく、「見えない」ところ（根およびそれが根付く地質・土壌）のハイブリッドに根ざしているという点です。特に、根（会計思考）が張るところの地層（経済層の相違）のレベルまで掘り下げて考察することが重要といえます。(3) この点は、とりわけ実物経済と金融経済との相違が重要ですが、第10章で議論します。(4)

現代の会計をして原価と時価との「混合モデル」などとよくいわれますが、そうした測定属性の「混合」といったレベルにとどまらず、その異なる属性（測定基礎）の混合がどこからくるか、より大きな枠組やその根っこにあるものこそが重要といえるのです。あとの章で議論することになりますが、こうした見方は今日の会計制度の「歪み」という視点にもつながってきます。

ハイブリッド会計の検証―矛盾と調整のあり方

こうしたハイブリッドという現代会計の特徴は個々の会計基準を吟味することで検証されねばなりませんが、『揺れる現代会計』（8「ＯＣＩは何処から来るか」）では、持合株式に代表される長期保有の「その他有価証券」（資産側）と退職給付会計（負債側）の2つの代表的ケースを取り上げて吟味しています。

すなわち、ここで結論だけいえば、前者は資産の時価開示と利益計算の矛盾とその調整、同じく後者は債務の実態開示と利益計算の矛盾およびその調整、という点です。まさに2つの中心がぶつかるところといえます。そして、ここで「矛盾とその調整」という点が両者をつなぐ視点となりますが、それは端的に「その他の包括利益」（other comprehensive income：ＯＣＩ）に現れています。

この点は、次の第2章において詳しく論じますが、ＯＣＩ／リサイクリングは、まさに両者の矛盾（実態開示と利益計算の乖離）の調整（媒介）機能を担っているといえるのです。ここで特に注意したいのは、その調整がいずれの中心を主軸においての調整か、という点です。

そして、さらに重要な点は、その調整機能の2つの代表的ケースに関する共通の形（同型性）を見ることです。この点は、次章で議論します（その形は図表2-2参照）。

2つの中心の関係―どうつなげるか

少し余談になりますが、楕円ということに関連して興味深い本が手元にあります。最近読んだ半藤一利『昭和史をどう生きたか』（東京書籍、２０１４年）という本です。そのなかの「清張さんと昭和史」を読んでいて、次の一節が私の目をひきました。

すなわち、『ゼロの焦点』（松本清張）に関して、「（中略）だから、二つの焦点を結びつけるというような意味があったんじゃないかと思いついたんですよ」、「ああ、ゼロは円ではなく楕円なんですね、考えてみれば。そうすると二つの焦点というのは…たぶん過去と現在」（佐野洋との対談、298頁、傍点は引用者）と。

本章とのかかわりでいえば、現代会計の楕円性という特徴は、「過去」すなわち伝統的なフロー配分先行型の原価主義会計と、「現在」すなわちストック評価先行型の公正価値会計、この（新旧）2つの焦点（中心）をもつ楕円性（二重構造）ということになります。そして、さらなる問題は、先に少し述べましたが、その異なる2つの中心の関係、つまり両者をどうつなげるか、あるいはつながらないかです。

次章で議論しますが、伝統的会計には決してみられない現代会計に固有の特徴といえる包括利益（CI）とその他の包括利益（OCI）も、そうした2つの中心を有する二重（二層）構造に根ざしているといえるのです。(5)

現代会計の楕円性—楕円の思考

こうして現代会計の全体的な変容の形を異質な2つの中心をもつ楕円形として捉えると（現代会計の楕円性）、実務において特定の会計基準がなぜ複雑な会計処理を要求しているかもよく見えてきます。現代会計の1つの典型ともいえる資産除去債務と減価償却の論点をあげれば、それもまた現代会計のもつ楕円性、つまりこれまで述べてきたハイブリッド性と矛盾性という観点から説くことができます。この点は、第3章で論じますが、特に伝統型と現代型（2つの中心）の合算といえる「ハイブリッド減価償却」が重要な論点になります。

以上、読者には変貌する現代会計への重要な視点として、この楕円の見方、ないし楕円の思考をしっかりつかんでいただき、それを踏まえて次章以降を読んでいただければと思います。

付記：揺れる現代会計―ラグビーW杯によせて

ラグビーワールドカップ（W杯）2019日本大会が昨年9月に開幕し、日本をはじめ世界中が熱狂したのは記憶に新しいと思います。余談になりますが、楕円ということでここに付記しますと、周知のとおりラグビーのボールは楕円形をしています。バウンドするとどこに転がって行くか予測がつかず、きわめて不安定です。

現代の会計も、あたかもこの楕円のボールのようにその行方は定かでなく、ＩＦＲＳ開発の本拠地である英国のＥＵ離脱（Brexit）やグローバリズムへの反動（自国第一主義）など不安定要素をはらんで揺れ動いているといえます。まさに、楕円の思考から見た「揺れる現代会計」（本文引用の拙著タイトル）なのです。

注

（1）ここで「補完」について補足しておくと、それは「拡張」と「区別」の中間に位置する見方といえます。詳しくは『変貌する現代会計』71-72頁参照。
（2）なお、系Ⅱの現代型が系Ⅰの伝統型からみて〝アンカー（安定装置）不在〟の会計になっているという点は重要な見方といえます。この点は次の第2章、および『基礎学問としての会計学』142頁参照。
（3）2つの大樹AとBは、それぞれが根ざす地層（経済層）の相違（実物と金融）からしても、次の第2章の図表2-1で示す「会社＝ヒト」の会計と「会社＝モノ」の会計との相違にも相応するといえます。また、地殻変動（IFRS革命）でたとえるなら、AとBとの間にはあたかも大きな断層が存在するといえます。地層まで掘り起こすゆえんです。詳しくは『基礎学問としての会計学』90頁の注20参照。
（4）経済層とりわけその動態変化に関しては『基礎学問としての会計学』139頁図表7・1を参照。
（5）二層構造については『変貌する現代会計』144頁図表8-1、そこに起因して出てくるOCIについては『基礎学問としての会計学』第5章をそれぞれ参照。

（初出『経営財務』令和1年9月23日号、付記は加筆）

2 PL脳は病なのか
ファイナンス思考と会計

ファイナンス思考がビジネスのみならず企業会計にも浸透してきています。黒字よりも企業価値といった見方がそれを象徴しているといえます。そこで、本章では今なぜファイナンス思考なのか、ファイナンスとアカウンティングとはどう違うか、伝統的な会計の立脚点もふまえて考えてみたいと思います。

日本を蝕む「PL脳」

ミクシィのCEOだった朝倉祐介氏の『ファイナンス思考』（ダイヤモンド社、2018年）がよく売れているようですが、本章ではこのファイナンス思考がテーマになります。ちなみに、私は同じ若手世代のメタップス創業者佐藤航陽氏の『お金2・0』（幻冬舎、2017年）を興味深く読みました。特にそこでの常識を打ち破るテクノロジーの進化には衝撃を受けましたが、それが生み出す新しい経済のかたち（仮想通貨、トークンエコノミー、自律分散など）に既存の法や会計が追いつけない面もでてきています。

さて、朝倉氏の「はじめに」を読むと、「PL脳」の病と書かれています（ここでPLとはいうまでもなく財務諸表の1つ、損益計算書のこと）。さらに、そのファイナンス思考を特集している『週刊ダイヤモンド』（2018年9月15日号）では、表紙に「日本を蝕む病『PL脳』だから、アマゾンは生まれない！」、そして「PL脳をぶっ壊せ！」と勇ましい文言が並んでいます。

では、PL脳の病とはどういう病なのか、それはぶっ壊すべきものなのか、ファイナンス思考がビジネスのみならず今日の企業会計（その代表はIFRS）にも浸透してきているだけに、伝統的な会計の立脚点も踏まえて考えてみたいと思います。

経営者・投資者とファイナンス思考―黒字よりも企業価値

ここでファイナンス思考とは、端的には企業価値を最大化するための基本的な考え方だと説明されます。企業価値はその企業が生み出す将来キャッシュフローの割引現在価値ですので、きわめて将来志向の考え方といえます。それは、ビジネス（経営者）の視点（コーポレート・ファイナンス）だけでなく、後述する資本市場での投資者の視点ともいえます。これに対しPL脳とは目先の売上や利益を最大化することを目的にする短絡的な思考態度と説明されています。先の将来志向に対して過去志向というわけです。

ちなみに、この点を会計の記録計算機構である複式簿記の観点からみれば、将来志向のファイナンス思考は複式簿記とはなじまない面が指摘できます。ここに、ファイナンス思考が浸透している現代会計における複式簿記の位置づけが重要な論点になります。端的に、その行き着く先は複式簿記〝不要不在の会計〟、といえばわかりやすいでしょう。(1)

さて、黒字よりも企業価値の最大化を目指すファイナンス思考からすれば、ＰＬ脳が日本企業を蝕む「病」として見られるわけですが、そのことは先の『週刊ダイヤモンド』において、「沈むＰＬ脳 浮かぶファイナンス思考」といったキャッチフレーズのもと、多くの事例が紹介されていることからもわかります。とりわけ、ファイナンス思考の化身ともいわれるアマゾンのケースを参照されるとよいでしょう。端的に、日本企業に多く見られるＰＬ脳からはアマゾンは生まれない、というわけです（補注1）。

▼**補注1　ファイナンス思考とキャッシュフロー――ギャップ分析**

ここで指摘しておくと、アマゾンのケースで注目されるのはキャッシュフローの重視です。それをかりにＣＦ脳といえば、ＣＦ脳はＰＬ脳とファイナンス思考とをつなぐ結節点ともいえます。とりわけフリーキャッシュフローが重要です（『複式簿記のサイエンス』の「キャッシュフロー革命」62-65頁参照）。特にＰＬとＣＦとの関係、とりわけ両者のギャップ分析は『キャッシュ・フロー簿記会計論』（第4章）で論じていますが、ここでの文脈では「裁量的ギャップ」の時系列分析（同書70-71頁）が重要といえます。

さて、先にPL脳からはアマゾンは生まれないという点に言及しましたが、伝統的な意味でのPL（およびBS）は、けっしてアマゾンのような企業（GAFA）を生み出すためにあるわけではありません。[2] ファイナンス思考とはそもそも目的が違うのです。

のれんの償却問題―ファイナンス思考と会計

さて、ファイナンス思考と会計との相違をみる格好の事例があります。のれんの償却問題です。2018年9月14日付『日本経済新聞』1面トップでの「M&A費用計上検討」、この大きな見出しに驚いた人も多かっただろうと思います。IFRSを策定する国際会計基準審議会（IASB）がのれん償却の義務付けの検討に入ったとの報道ですが、2021年に結論を出すとのことです。

ちなみに、のれん金額の大きな上位3社は、企業買収に積極的なソフトバンク（4兆3千億円）、JT（1兆9千億円）、武田薬品（1兆3百億円）です。その報道のあとソフトバンクグループ（SBG）の株価は、ほぼ全面高のなかにもかかわらず安く推移しました。これには理由がありそうです。すなわち、かりに20年で償却するとなれば、ソフトバンクの費用計上は毎年2千億円にもなり営業利益に桁違いの影響を及ぼすことになります。会計上の1株利益が減って株価収益率（PER）にも波及するわけです。

しかし、ここが重要なところですが、ファイナンス思考からすれば、つまり株価は企業の将来キャッシュフローの現在価値との観点に立てば、のれんの償却自体は企業価値（株価）には影響しないのです。会計処理がどうであれ、買収先企業の業績が株価に織り込まれていくからです。(3)

かつて私は、のれん代の償却廃止の理由として、のれん償却には投資者にとって情報価値がないとの議論を取り上げましたが、その情報価値とはここでのファイナンス思考の観点といえます。(4)会計基準の設定が、企業価値というファイナンス思考に根ざしている典型的な事例といえます。

私はそれを端的に会計基準の「企業（価値）評価適合アプローチ」とよびましたが、ここにきてIASBはのれん償却の再検討に入ったわけで、償却の是非を問うという大きなテーマのあらたな復活といえます。(5)まさに第1章での異なる2つの中心がぶつかるところであり、楕円性ゆえに揺れ動く現代の企業会計を象徴しているといえます。この償却是非の論議は、特にIFRSのわが国での承認（エンドースメント）とのかかわりにおいて第11章（補論1）で取り上げます。

ファイナンス思考と会計制度—投資家本位の現代会計

将来志向のファイナンス思考がいかに企業経営、つまり稼ぐ力にとって重要であっても、企業会計を「制度」という観点からみると、PL脳がぶっ壊されるわけでも、また消滅するわけでもありません。日本を蝕むPL脳というのは、あくまでファイナンス思考の見地にたっての見方といえるからです。

いうまでもないことですが、企業会計は株主総会で承認を受ける決算書類（会社法）やそれを基礎におく法人課税制度（確定決算主義）など、制度的枠組を離れて論じることはできません。経営と財務が一体の、非制度的なファイナンス思考とはまた異なる別の側面であり、先にＰＬ脳とファイナンス思考とはそもそも目的を異にしていると述べましたが、それはこの「制度」という側面にほかなりません。

ただ、伝統的会計とは大きく異なる現代会計においては、ファイナンス思考が資本市場での投資家本位の会計という形で制度（金融商品取引法ベースの会計）の中にも浸透・拡大してきています。すなわち、今日においてはファイナンス思考に根ざした投資家への会計情報の役立ちがとりわけ重視され、会計基準もその投資家の要請を受けたものになってきます。端的に、資本市場→投資家本位のファイナンス思考→会計制度→公正価値（時価）会計、というわけです。先ののれん償却には情報価値がないとの理由で償却廃止になったのはその典型例といえるでしょう。

ちなみに、新たな利益概念である「包括利益」は、その公正価値会計の産物といえます（公正価値会計→包括利益）。注意したいのは、その逆規定（包括利益→公正価値）ではないという点です。これと対比される伝統的な収支配分型の利益計算の枠組を理解してもらえば、両者の重要な相違が明らかになります（本章後掲の補論を参照）。ここにも2つの中心が顔をだしているといえます。

図表２‐１　「会社とは何か」と会計
―「会社＝モノ」と「会社＝ヒト」の会計―

	株式会社	株式会社会計
２階	会社＝モノ	投資家本位会計（連結ベース）
１階	会社＝ヒト	利害調整会計（単体ベース）

（『揺れる現代会計』図表４‐１より）

「会社とは何か」と会計―伝統型と現代型の併存・交錯の形

ここで、そのファイナンス思考に根ざした投資家本位の企業会計のあり方を企業会計の全体のなかで位置づけておきたいと思います。すなわち、現代の会計の全体は、伝統型（原価主義会計：ＰＬ思考）と現代型（公正価値会計：ファイナンス思考）とが併存・交錯しており、私はその性格を端的に「ハイブリッド会計」とよんだのですが、その併存・交錯の形は実は株式会社の２階建て構造（所有の二重構造）を基礎におくとよく理解されると思います。図表２‐１に示す株式会社会計の２階建て構造がそれです。[6]

資本市場をベースにおく今日の投資家本位の企業会計のあり方は、端的には図表２‐１に示すように「会社＝モノ」の会計（２階の会計）といえます（株価＝モノとしての会社の価値）。そのことは今日重要な分野となっているＭ＆Ａ会計ひとつ取ってみても理解されるでしょう。

しかし、その「２階の会計」が今日主流であっても、それだけが会計ではありません。２階がグローバル化されたからといって、１

階もそうなるわけでもない。会計のいわば「原点」になるのは、実はこの「会社＝ヒト」の会計（1階の会計）といえるのです。

ただ、現代にあっては2階部分が肥大化し（2階が1階より大きな建物）、その全体の基礎、土台ともいえる1階部分があたかも2階に押しつぶされる形になってきています。このことも確かな事実であり、それはさながら地殻変動（IFRS革命）によって1階部分が2階に押しつぶされる姿にもたとえられるでしょう。

この点で現代の会計は2階優位の会計といえます。言い換えますと、「会社＝モノ」の会計の「会社＝ヒト」の会計に対する優位性です（2階優位の現代会計）。私はそれを、経済と会計と法の3つの総体的視点から端的に「金融（経済）・開示（会計）・取引法（法）」優位の現代会計とよびました。この点は、伝統型の中心が実物（経済）、計算（会計）、組織法（法）を軸にしているといえば、両者の相違がいっそう浮き彫りになるといえるでしょう[7]。

そして、この2つの会計を会計思考という根っこから見れば、そこに伝統的なPL思考と現代的なファイナンス思考の相異なる思考が併存（共存）、交錯しており、ハイブリッド会計はそのハイブリッド思考に根ざしているといえます。そして、2階の会計が今日主流であるとは、とりもなおさずファイナンス思考優位の現代会計というあり方になっているといえるわけです。

こうして現代会計の特徴は、その異種併存のハイブリッド性とそこに起因する矛盾と乖離およびその調整という点に見出すことができます。その典型的な現れが「その他の包括利益」（ＯＣＩ）にほかなりません。「ＯＣＩ現象」とよんだゆえんです。

ＯＣＩと矛盾の出所—その共通性

現代会計のハイブリッド性とそこに起因する矛盾およびその調整の形は具体的には会計基準のなかに現れてきます。その典型は、先に述べたように、包括利益（comprehensive income：ＣＩ）であっても純利益とは区別される「その他の包括利益」（ＯＣＩ）ですが、実は「その他」（other）というタームそれ自体に矛盾が内包されている。少なくとも、私にはそう見えます。では、その矛盾とは何でしょうか。

それは端的に、伝統的な収支を基礎におく利益計算（Ｐ／Ｌ）と今日的な財務実態の適正開示（Ｂ／Ｓ）、この異なる目的に起因する矛盾・乖離です。この点は、第９章での重要な論点になりますが、現代型の資産・負債の時価（公正価値）会計に起因して出てくるＯＣＩを探っていくと、財務実態の適正開示と利益計算との矛盾・乖離という共通点が見えてくるのです。

ここで強調しておきたいのは、財務実態や財務リスクの適正開示それ自体は利益計算に直結するものではないという点です。そこに、つまり相異なる目的を同時に達成しようとする点に、そもそもの矛盾の発端があるといえます。

図表2－2　財務実態の適正開示と利益計算との矛盾・乖離

(1) ㋑財務実態の適正開示（B/S）＞㋺適正な期間損益計算（P/L）
　（記号＞は左辺の右辺に対する優位性・先行性を示す）
(2) ㋑と㋺の矛盾・乖離＝左辺㋑－右辺㋺

⇩

OCIの出所：(1)→(2)→OCI
　OCI／リサイクリング＝㋑と㋺の矛盾の調整弁

その典型であり、またもっともシンプルでわかりやすいのは「その他有価証券」の会計処理です。そして、次章でみることになりますが、退職給付会計（2012年改定）における会計処理（数理計算上の差異）には、その他有価証券との共通点を見出せます。一見複雑そうに見えても、その基礎にシンプルな形を見せることが重要であり、その形とは「オンバランス化（退職給付会計では債務実態のB／S適正開示）→OCI→リサイクリング→P／L→純利益」です。

ここで指摘しておきたいのは、なぜOCI／リサイクリングに注目するか、その全体図を見せることの重要性です。この点は、プロローグでの異質な中心の現れ方で述べたところです[8]。

強調したい点は、今日に特有のB／S目的とP／L目的との乖離・矛盾を、両者の間にOCI／リサイクリングを介在させる（調整弁）ことで矛盾の解決、調整を図っている、その形です。端的に、B／S目的→OCI／リサイクリング→P／L目的です。

図表2-2は、その点を数式的（不等式）に要約したものです（補注2も参照）。

▼**補注2　ＯＣＩ＝矛盾の調整弁**

ここで「調整弁」ということからいえることは、リサイクリング（ＯＣＩ→Ｐ／Ｌ→純利益）が必要か否かの議論は伝統型の利益概念すなわち純利益を保持するか否かにかかっており、かりにその利益概念を最終的に放棄するなら、純利益からも離脱して包括利益一本化となります。

つまり、そうなるともはやＯＣＩもリサイクリングも不要になるわけです。ちなみに、新たな米国基準における「その他有価証券」の扱い、すなわち評価損益の（ＯＣＩ／リサイクリングを介さない）純利益算入は、いわば純利益の包括利益化とみることができます。

以上の点は、伝統的会計でのＰ／ＬとＢ／Ｓとの関係、すなわち「連結環」という連携構造をみれば理解しやすいでしょう。つまり、そこには連結環という形で矛盾はありません（Ｐ／Ｌ→Ｂ／Ｓ：Ｐ／Ｌ中心思考）。この点で、現代型の会計は連結環という伝統型（無矛盾性）からの離脱・脱却といえますが、ＯＣＩは別の意味での「連結環」、それも伝統型とは逆連携（Ｂ／Ｓ→Ｐ／Ｌ：Ｂ／Ｓ中心思考）の形をとっているといえます。

ここに連携の形の大きな変化がみられます。伝統型から現代型の中心への重点シフトといえます。この点は第9章で議論しますが、本章後掲の補論では連携の形の相違について補足しています。

会計と財務の交錯──会計学の古典から

最後に会計学の古典から、会計と財務の交錯について少し触れておきたいと思います。すなわち、日本の古典的会計理論の1つを築いた岩田巌は、かつて代表作『利潤計算原理』（同文舘出版、1956年）において「会計と財務」の交錯という重要な論点を指摘しましたが、現代においては、これまでみてきたように岩田の時代とはその装いを新たにしたアカウンティングとファイナンスの交錯の形が現象化しているといえます。ここでは、その交錯のいわば古典から、その現代的特性および問題性を指摘しておきたいと思います（補注3）。

▼補注3　ストックの時価会計とフローの時価会計

ちなみに、岩田が指摘した有機説（シュミット）は、投資家の見地ではなく経営者、とりわけその財務政策的見地に立っています。そして、幾分専門的になりますが、注意すべきは2点、すなわち1つはかつての時価会計（個別価格変動会計）が今日の金融経済ではなく、実体経済をそのベースにしているという点、もう1つは、その点ともかかわりますが、そこでの時価会計が今日の「ストックの時価会計」（財務実態の適正開示）ではなく、資本利益計算（実体資本維持会計）として論じられている点、つまり「フローの時価会計」であるという点です(9)。

すなわち、詳しくは『揺れる現代会計』の14「アカウンティングとファイナンスの交錯」で議論していますが、要するに岩田の時代とは異なって、IFRSに代表される新たな装いのもと、「会計的なるもの」(利潤計算)とそれとは異質なもの(ファイナンス思考)とが今日的背景において交錯しており、先にみたようにOCI/リサイクリング問題も、そうした異質なものが交渉・交錯するところに起因しているといえます。まさに異質な2つの中心の交錯にほかなりません。

さらに会計思考のレベルにおいても、岩田のいう「静態説や動態説から、はっきり区別されるべき」という点では共通しますが、かつての有機説とは異なって、現代の会計の基礎には動態説はむろんのこと有機説の思考とも性格を大きく異にする企業価値的思考が横たわっており(企業価値志向会計)、企業価値の評価とファイナンスおよび実証研究とが接合する形をとっているといえます[10]。岩田がシュミット(有機説)と比較してシュマーレンバッハ(動態説)を「潔癖」な態度と評した時代とは大きく異なり、現代の会計はその「潔癖」では説けない性格の新たな今日的変貌をとげているわけです[11]。

この点は、本章冒頭で2冊の本を紹介しながら今日の経済の新たなかたち、そしてそれに追いつけない法や会計という点でみたとおりです。ここに、岩田の言う交錯と峻別の現代的変容、とりわけ「峻別」(および「潔癖」)にかかわる会計のあり方の今日的特性と問題性が横たわっているといえます。

〈補論〉 伝統型と現代型の連携の形─いずれが主問題か

伝統的会計でのフロー中心思考の基本枠組は、端的に示せば、①収支の配分→②収益・費用（益費）→③資産・負債となります。特に注意したいのは、その順序です。つまり収支の配分による益費の決定（P／L：適正な期間損益計算）が、とりもなおさず資産・負債（B／S）の決定であり、ここにP／L中心の連携の形があるといえます（P／L中心型連携）。その典型は減価償却と資産の関係、そして引当金と負債の関係にほかなりません。伝統型の収支配分の2本柱といえます（補注4）。

▼補注4　現金／利益／資産・負債の〝三位一体〟関係─変容の基準枠

この伝統的会計の収支配分型利益計算の構造、すなわち現金（収支）、利益（益費）、資産・負債の3つの相互関係（〝三位一体〟関係）は、『変貌する現代会計』付論4「会計配分の基本モデル」においてCAAモデル（Cash flows-Accrual-Allocation）として詳しく説明しています（90-98頁）。

そして、この伝統的会計の基本枠組は、それとは異質な現代会計の変容をどうみるか、その重要な比較の基準枠（ベンチマーク）になります。ここが重要な点であり、その伝統型を比較枠にした現代型との特徴比較は第9章の図表9-2で示しています。

特にその図表9-2の対比においては、①～⑦の7つの特徴軸のうち②「計算の基点」（当初認識時vs.特定時点）から⑤「資産・負債の評価」（原価vs.時価）までの一連の規定関係、つまりそれらをセットとして理解することが重要になります。注意すべきは、⑤の対比だけにとどまってはいけないという点です。

他方、原価主義会計に対し公正価値会計とよばれる現代会計は、むしろその逆順、つまり資産・負債（B／S：財務実態の適正開示）が起点となります（ストック中心思考）。重要なことは、逆方向（逆規定）ゆえに、もはや伝統型の起点である①収支の配分の規定を受けない。つまり、①を起点としないがゆえに、もはや収支の制約を受けず、配分思考も後退するわけです。伝統枠での①→②の回路の後退、離脱、ということです。その背景には、動態論思考の今日的不適合性が指摘できます。[12]

この収支の制約という点はたいへん重要なところで、第5章でも述べますが、現代会計と比較して伝統的会計制度のいわば安全弁（アンカー、安定装置）ともいえます。この見方からすれば、現代の会計は〝アンカー不在〟の会計ということができます。先の補注4でみた伝統的会計での〝三位一体〟関係の崩壊です。[13]

つまり、現代の公正価値会計においては、伝統型での「配分（対応）計算」の拠り所となる何らかの合理的に確定した収支ではなく、財務実態の開示要請のもと、資産・負債の「価値評価」（公正価値）、すなわち不確実な将来収支の割引現在価値が求められます（配分と評価の対立思考は第4章補注2参照）。[14]

この配分と評価については、「今日の企業会計には、さらに一転して、配分から新たな『評価』（企業価値評価、新たなストック中心観）へと、〝逆転換〟の現象が起こっているようにみえます」（『変貌する現代会計』108頁）と述べました。[15] 本文でみたファイナンス思考はその現代型への変容の起点と密接にかかわっているのです。

注

(1) 複式簿記の現代的位置については『基礎学問としての会計学』第5章補論5・1参照。

(2) ここでGAFAとは、周知のとおり、時価総額の世時価総額の世界ランキング上位を独占しているGoogle, Apple, Facebook, Amazon.com の4社の総称です。

(3) 詳しくは2018年9月19日付『日本経済新聞』の「スクランブル」が「会計基準が招く誤解」という見出しで詳しく解説していますが、特にその見出しの「誤解」の意味合い、すなわち短期的で表面的な数字に左右という点が重要といえます。

(4) 当時のFASB議長ジェンキンス氏へのインタビューを取り上げて論じましたが、詳しくは企業(価値)評価適合アプローチをふくめ、『変わる社会、変わる会計』25「ITバブルの崩壊と『のれん代』の巨額の評価損」参照。

(5) 再検討の背景などは、2018年9月14日付『日本経済新聞』でのIASB議長フーガーホースト氏へのインタビューを参照。先のFASB議長ジェンキンス氏へのインタビューと比較されるとよい。

(6) 詳しくは『揺れる現代会計』の4「『会社とは何か』と会計」参照。株式会社の2階建て構造は岩井克人『会社はだれのものか』(平凡社、2005年)参照。

(7) 詳しくは『揺れる現代会計』Iの1「『金融・開示・取引法』優位の現代会計」参照。なお、そこではその優位というあり方から、さらにより望ましい形(市民社会と会計)での融合への道について述べています(8-9頁)。また同書の対談I(シャム・サンダー教授)では、「より良い会計とは何か」をめぐって、会計と市場と社会の関係について議論しています。

(8) その全体図は、『基礎学問としての会計学』第4章図表4・6(79頁)および図表4・7(80頁)で示しています。

（9）詳しくは『揺れる現代会計』114-115頁の「利潤計算と財務政策」および116頁の補注2「現代会計と資本維持」参照。
（10）この点は『揺れる現代会計』118頁の補注4「企業価値的思考と会計基準」参照。
（11）この点は『揺れる現代会計』118-119頁の補遺「近代会計の核心と現代会計」参照。
（12）詳しくは『変貌する現代会計』コラム4「動態論思考の今日的不適合性」参照。
（13）詳しくは『基礎学問としての会計学』141-142頁参照。
（14）ここで、先にも述べましたが、その資産・負債の価値評価において包括利益の概念が先行しているわけではないという点（包括利益はその結果）に注意。
（15）会計思考の史的変遷は、端的に同書図表6-3参照。

（初出『経営財務』平成30年12月24日号）

3 ハイブリッド会計の検証
何が矛盾、その出所は

本章では、第1章および第2章でみてきた現代会計のハイブリッド性、端的には現代型と伝統型との異種併存性という特徴をみるのに格好の素材といえる資産除去債務の会計を取り上げます。そこでは何が矛盾か、さらにはその出所は何処かを探ることで、その基礎に横たわる現代会計のハイブリッド性、およびその矛盾と調整のあり方を解き明かしてみたいと思います。

現代会計のハイブリッド性―何が矛盾か

現代の会計をとりわけ伝統的な会計と比較するとき、1つの重要な課題はその全体整合性、すなわち現代的な新基準と従来型の基準との整合性を問うことです。かりにそこに非整合に起因する何らかの矛盾があるなら、何が矛盾か、そしてその出所まで明らかにする必要があります。このことは、とりわけアカデミズムの仕事といえます。

本章では、第1章および第2章でみてきた現代会計のハイブリッド性（現代型と伝統型との異種併存性）という特徴をみるのに格好の素材といえる資産除去債務（asset retirement obligations）の会計を取り上げます（あとの注5参照）。特に、冒頭でも述べましたが、そこでは何が矛盾か、さらにはその出所は何処かを探ることで、その基礎に横たわる現代会計のハイブリッド性、およびその矛盾と調整のあり方を解き明かしてみたいと思います。

現代の企業会計においては投資家のために資産および負債の財務実態や財務リスクの情報開示が重視されます。したがって、従来の原価評価（原価主義会計）とは異なって、時価（公正価値）での評価が求められます。世に「時価会計」といわれるゆえんですが、単に資産や負債の時価評価の側面だけを見るのではなく、大切なのはそのおおもとであり、根っこです。

さて、資産除去債務の会計においても、まずもって資産除去債務の全額計上、つまり貸方の資産除去債務全額の適正開示が先で、それに伴って借方側の問題が浮上してきます。貸方債務と同額の借方資産計上（両建処理）、そしてそれを受けての減価償却の問題です。

以下、いくつかの論点を示しながら議論しますが、必ずしも専門的なところに詳しくない読者はスキップされてもかまいません。ただ、本章末の参考1「ＯＣＩは何処から来るか」の要約図表3-3および参考2の図表3-4はしっかり理解いただければと思います。

将来支出がなぜ減価償却―付随費用説の問題点

取得した資産の除去が法令や契約により法律上の義務として要求されている場合、その将来支出額の割引現在価値を、「付随費用」（副費）に準ずるものとして、取得原価に加算（資産計上）する。これが現行のいわゆる両建処理です。

しかし、先にも少し述べましたが、ここで借方側に先立つ貸方側の債務状況の適正開示という観点が重要であり、その観点から、つまりそこが先にあって（ここが〝主役〟）、その反対側を付随費用に準じるものとして資産計上する（取得原価に加算）。ちなみに、伝統型の引当金方式（費用の積み上げ方式）であれば、むしろ借方の費用計上が先で、つまりここが主役で、その毎期費用額の累計が貸方側の負債（引当金）を構成することになります。現代型では費用と負債の関係において主役が逆転しているわけです。

次に、かりに資産計上を前提にしても、そもそも遠い将来の除去支出がなぜ減価償却か、そこでは何が減価しているのか、という素朴な疑問がでてきます。少なくとも伝統型（動態論思考）では過去支出の原価配分としての減価償却であり、資産簿価は未償却残高（資産＝将来費用のかたまり）となります。ここにP／L（費用）とB／S（資産）との典型的な関係、つまり動態論（連結環）思考があります（補注1）。

▼補注1　「資産」とは何か―動態論思考

伝統型会計での「資産」とは何かに関する議論、とりわけ動態論思考すなわち支出と費用と資産の3者関係は、『変貌する現代会計』（5-9頁）で説明しています。特に、現代型との比較において、費用・収益（フロー）と資産・負債（ストック）の2者関係だけでなく、その基礎にある収支（もう1つのフロー）を見逃してはいけません。この3者（三位一体）関係は前の第2章補注4でも触れましたが、減価償却と引当金に代表される収支配分型利益計算の構造をしっかり理解することが肝要です（CAAモデル：同書90-91頁）。

この伝統型の動態論思考に引きつけてみれば、除去に必要な将来支出の割引現在価値と減価償却はどうつながる（整合する）か、これが1つの論点になるわけです。資産除去債務にあっては遠い先の将来支出を、しかもそれ故にその割引現在価値を減価償却する。そこにかりに減価償却の何らかの拡張解釈がありうるなら、より本質面から減価償却を説く必要があるといえます（いわば新減価償却論）。しかしながら、その積極的な展開は必ずしもみえてきません（補注2）。

▼補注2　財務政策と利益計算―その区別

ちなみに、日本基準（2008年）のベースにあるとみられる米国基準（SFAS143、2001年）やIFRSの関連基準（有形固定資産のIAS16、引当金・偶発債務のIAS37）を見ても、新たな減価償却論とでもいえる議論は見受けられません。

特に回収すべき額の引き上げ（日本基準34、41）といった点は、財務政策上の見地であって、本来の利益

図表3-1　異種なる減価償却の併存（合算）―“ハイブリッド減価償却”―

ⓐ減価償却A（伝統型）＋ⓑ減価償却B（現代型）

伝統型（フロー先行の動態論思考）：過去支出・原価→費用→未配分としての資産
現代型（ストック先行の公正価値思考）：将来支出・公正価値→負債→資産→費用

計算（発生主義をベースにおく期間損益計算）としての会計学上の見地が必ずしもみられないのです。財務政策の観点と発生主義による期間損益計算のための費用計上とは峻別される必要があります（会計と財務の交錯は第2章を参照）。

異種なる減価償却の合算―〝ハイブリッド減価償却〟

こうして、そこにはⓐもとの取得原価に関する（伝統的な）減価償却Aに加えて、ⓑ付随費用として加算される部分の（伝統型とは異質な）減価償却Bという、性格の異なる減価償却が併存している。もし過去支出のみならず将来支出も減価償却の範疇というなら、あえていえばAとBの〝ハイブリッド減価償却〟、つまり異なる会計思考に根ざした減価償却の併存（合算）となります。注意したいのはAとBの出発点、つまりどこが先行しているか、その相違です（図表3-1参照）。

ここで、その異質な会計思考こそ、まさに第1章での異なる2つの中心にほかなりません。そして、〝ハイブリッド減価償却〟と述べたのも、その異種なる減価償却の併存というあり方に、いみじくも現代会計のハイブリッド性が現れているとみるからです。しかし、そもそもそのようなこと、つまりハイブリッド減価償却なるものが存立しうるのでしょうか。

ＯＣＩ現象と現代会計──矛盾を内包

ここで少し唐突に思えるかもしれませんが、ＯＣＩ／リサイクリング、とりわけそれが何処から来るかの議論を少ししてみたいと思います。というのも、後述するように、その「何処から」がここでの議論と密接にかかわるからです。

さて現代会計を特徴づけるものを１つあげよと問われれば、私は躊躇なく「包括利益（ＣＩ）」なかんずく「その他の包括利益（ＯＣＩ）」と答えたい。それが、とりわけ伝統的会計の基礎との比較において、今日もっとも特徴的な会計現象といえるからです。理論的には、後述するように、端的にＰ／Ｌ目的とＢ／Ｓ目的との関係（矛盾・乖離）にかかわる論点です。

ここで、前章でも少し述べましたが、「ＯＣＩ」のＯ（other）は意味ありげな形容句といえます。「その他」といっても、うしろにしっかり「利益」がついています。要するに、包括利益であっても、純利益ではない。そういうシロモノです。包括利益一本化の見地からすれば、いわば妥協の産物ともいえます。

前章ではＯＣＩ＝調整弁と記しましたが（補注２）、「問題は、そうした調整項がなぜ利益なのか、…調整項にすぎないとはいえ、『利益であって利益でない』とはそうした〝矛盾〟の表現である」（『時価会計の基本問題』１４３頁）ということです。

また「ＯＣＩ現象」としているのは、そういう現れ方をする、せざるをえない何かがある。その

図表３－２　利益計算と実態開示―２つのルート―

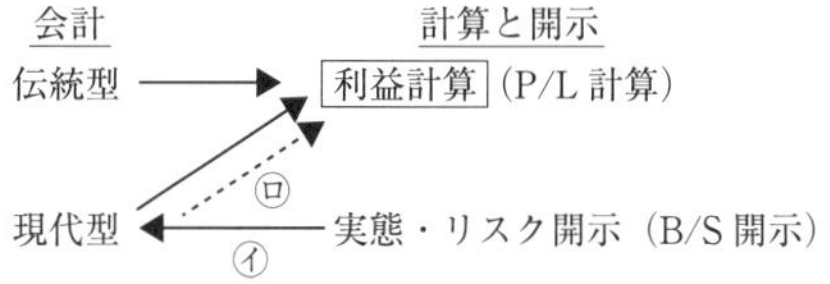

点を示唆するためです。ＯＣＩとして具現化させているものが何であるか、ここが重要なところです。先にＯＣＩを意味ありげなタームと述べましたが、その名称自体に何らかの矛盾が内包されている。では、その矛盾とはいかなる矛盾でしょうか。

利益計算と財務実態の適正開示―異なる目的間の矛盾・不一致

その矛盾とは、端的に利益計算（Ｐ／Ｌ）と財務実態の適正開示（Ｂ／Ｓ）という相異なる目的に起因する矛盾です。この点は、第9章での重要な論点として取り上げます。

ここで強調したいのは、前章でも述べましたが、Ｂ／Ｓ本体での実態開示あるいはリスク開示は利益計算に直結するものではないという点です（後掲の参考1参照）。そこに、つまり幾分欲張りな要請ともいえますが、異なる目的を同時に達成しようとする点に、そもそも両者（Ｐ／ＬとＢ／Ｓ）の矛盾の発端があるといえます。

この点は、伝統的会計でのＰ／ＬとＢ／Ｓとの関係、すなわち連結環という連携構造をみればわかります。そこには連結環という形で矛盾はないからです

（P／L中心思考）。現代型は、図表3-2に端的に示すように、伝統型のように純然たる利益計算という1つのルート、一本道ではないのです。㋑から㋺の別のルートがあり、そこを見逃さないことが大切です。

一般に、伝統型＝収益・費用アプローチ、現代型＝資産・負債アプローチと対比されることが多いのですが、両者は純然たる利益観（利益の捉え方）の相違といった単純なものではありません。特に現代型には本来の利益計算とは別の要請、すなわち㋑が作用しているからです（㋺はその反作用）。矛盾の出所だけに、この別ルートの作用・反作用を見逃してはならないといえます。ちなみに、この作用・反作用は、たとえば「取引」概念の変容として現れてきます。すなわち、それも量的拡大ではなく質的変容として、期末の再測定など、現代型に特徴的な開示仕訳に現れています(1)。

『揺れる現代会計』では、その矛盾の具体例として2つの会計基準、すなわち（持合株式に代表される）「その他有価証券」のケースと退職給付会計のケースを取り上げましたが、私は前者のケースにまずもって矛盾の原型、端緒をみています（後掲の補論1参照）。

端的にB／S本体での持合株式の時価開示とP／Lでの利益計算との矛盾です（同書、図表8-1）。また、退職給付会計のケースでは債務実態の適正開示（B／S）と利益計算（P／L）との矛盾、となります（同書、図表8-2）。

重要なことは、その他有価証券での時価開示とＯＣＩ、退職給付会計での債務実態の適正開示と

ＯＣＩ、この両者が同じ形（同形性）をとっているということです（後掲の参考2参照）。そして、実は、この退職給付会計のケースが、また本章での資産除去債務の会計を同じ形で捉えることを可能にします。なぜなら、矛盾の出所、つまり2つの異なる目的間の矛盾を共有しているからです。ここが重要なところです。そこで、まずもって退職給付会計のケースをみておきます。

債務実態の開示とＯＣＩ／リサイクリング―退職給付会計のケース

その他有価証券ほどシンプルではありませんが、２０１２年に改定された退職給付会計基準（以下改定基準）における会計処理には（数理計算上の差異および過去勤務費用）、その他有価証券と共通する点があります。前章でも述べましたが、一見複雑そうにみえても、その基礎にシンプルな形を見せることが重要であり、その形とは「オンバランス化（ここでは債務状況のＢ／Ｓ適正開示）↓ＯＣＩ↓リサイクリング↓純利益計算（Ｐ／Ｌ）」です。

ここで強調したい点は、Ｂ／Ｓ目的（適正な実態開示）とＰ／Ｌ目的（適正な利益計算）との矛盾・乖離を、両者の間にＯＣＩ／リサイクリングを介在させることで矛盾の1つの解決（調整）を図っている、その形です。繰り返しますと、Ｂ／Ｓ目的↓「ＯＣＩ／リサイクリング」↓Ｐ／Ｌ目的です。

さて、実務に詳しい読者は周知のとおりですが、数理計算上の差異は、従来は即時認識されませ

〈数値例〉①退職給付債務（見積）1,500（百万円）、②同（実績）1,700、
③数理計算上の差異200（①と②の差異）、④平均残存勤務期間10年。

〈改定基準の仕訳〉
㋑差異の即時認識（オンバランス）の仕訳：
（借）その他の包括利益累計額（OCI）200／（貸）退職給付に係る負債200（オンバランス化）
㋺差異の毎期費用処理の仕訳：
（借）退職給付費用20／（貸）その他の包括利益累計額（OCI）20

んでした。つまり、発生年度の翌年から平均残存勤務期間以内（数値例では10年）で定額法により費用処理されていましたが、改定基準ではその全額がオンバランス化されることになったわけです。以下、この点を簡単な数値例と仕訳で確認しておきたいと思います。

ここで数値例の仕訳㋺の処理をみると、仕訳㋑の借方ＯＣＩの２００から10年間にわたり20ずつ費用にまわしています。これがリサイクリングです。そのことで、ここでもその他有価証券のケースと同様に、Ｐ／Ｌ計算は従来と同じことになります。ここで、あとの資産除去債務での議論のため、２点指摘しておきたいと思います。

第1は、㋑の仕訳において、貸方の負債評価（報告時点の割引現在価値）が先であること、つまりここが主役であること。そして、それが債務（ストック）のオンバランス化、つまり債務状況の適正開示（財務の透明性）からきているという点です（その点で、従来型の未認識はオフバランス）。

この点は、端的には改定基準の結論の背景に財務実態の適正開示の観点がでていることをみればよいでしょう。(2) そして、ここでも、その他有価証券のケースと同様（この場合は貸方ＯＣＩ）、その相手先が借方ＯＣＩとなってい

ます（借方の意味については後掲の補論2参照）。貸方であれ借方であれ、先の主役に対して、いわば仮置き場としての脇役といえます。

第2は、費用（フロー）は負債（ストック）の適正開示の後であること、つまり㋺の借方でもって処理され、その費用部分20を先に計上した㋑の借方ＯＣＩの全額２００（ストック）から10年間にわたって毎期差し引く形をとる。先にも述べましたが、これがリサイクリングです。これにより、改訂前（オフバランス）での定額法による費用計上と同じになります。つまり、リサイクリングによって損益計算はいわば伝統型の形に戻っているわけです。

しかし、ここで注意したいのは、そのストックから差し引く形での費用計上は、伝統枠（引当金）での費用配分の形、すなわち費用の積み上げ→負債（フロー配分→ストック評価）と同じではないという点です。同じでないどころか、フローとストックの規定関係が逆、すなわち費用（フロー）は負債（ストック）のあとになっています。この現代型にみられる逆規定性（逆転性）、およびその出所がたいへん重要なところなのです。

資産除去債務とＯＣＩ／リサイクリング—矛盾の出所の共通性の観点から

次に、退職給付会計との共通性という観点から、先の2点の指摘を踏まえて、資産除去債務の会計処理をみてみたいと思います。特に、現行方式とは違いますが、引当金方式とも異なる、いわば

〈数値例〉①解体・撤去・処分等の費用1,000（万円）、②固定資産の耐用年数10年、なお③貨幣の時間価値は考慮しない（利息費用は度外視）。

〈仕訳A：両建方式〉

㋑資産除去債務の全額計上（オンバランス）の仕訳：
（借）固定資産　1,000／（貸）資産除去債務1,000
㋺毎期の費用処理の仕訳：
（借）減価償却費100／（貸）減価償却累計額100

〝第3の方式〟（OCI／リサイクリング方式）を見せることで、どういうことが見えてくるか。簡単な数値例と仕訳でもって説明してみましょう。

まず、現行の両建方式では仕訳Aのように会計処理されます。そこでの㋺の費用計上は、減価償却の問題点はともかく、伝統的な費用計上（引当金方式）と金額は同じになります（利息費用を考慮すると金額は異なる）。異なるのは費用計上に先立ち、㋑の債務全額（負債）1000が先に計上されるという点です（引当金方式と比較されたい）。

なお、付随費用説による減価償却は、先にハイブリッド減価償却という点で指摘したように（図表3-1参照）、新たな減価償却論でも展開されない限り無理があるように思われます。少なくとも、そこには伝統型とは異質なものが侵入しているといえるからです。

さて、次は現実の実務にはないのですが、OCI／リサイクリング方式による会計処理、すなわち仕訳Bをお見せします。特に、読者にはここで先の退職給付会計のケースとの共通点をみてもらいたいと思います。

まず㋑の借方の意味ですが、先の退職給付会計のケースで指摘した第1点と

〈仕訳B：OCI／リサイクリング方式〉

㋑資産除去債務の全額計上（オンバランス）の仕訳：
（借）その他の包括利益累計額（OCI）1,000／（貸）資産除去債務 1,000
（オンバランス化）

㋺毎期の費用処理の仕訳：
（借）資産除去費用100／（貸）その他の包括利益累計額（OCI）100

の共通性、すなわち貸方債務のオンバランス化を受けた形の借方ＯＣＩとなります（後掲の補論2参照）。また、㋺の費用計上１００（資産除去費用）の仕訳も、第2点の指摘との共通性、すなわち費用計上は負債の適正開示のあと、という点を確認いただければと思います。ここでもＰ／Ｌ計算（費用計上１００）は現行の両建方式と同じになりますが、そこには先に指摘したハイブリッド減価償却といった問題はでてきません。

ただ、だからといって、私はこの第3の方式を採るべきだと主張しているわけではありません。主張したいのは、何が矛盾で、その出所は何処か、そこが共通するなら退職給付会計でのＯＣＩ／リサイクリング方式がここでも採れるだろうということです。そして、そのことで、より広くは現代の企業会計に横たわる矛盾が何であり、それが何処にどういう形で現れているか、そのことを明らかにすることができるのです。私が強調したいことはここにあります（後掲の補論1参照）。

ともかくも、この第3方式のように現実の実務にないものを見せることは、何も突拍子もないということではありません。むしろそれどころか、読者にはそのことの重要性を読み取っていただければと思うのです。端的に、実務の相対化です。

現代会計の矛盾と調整の形――共通の形と相対化

冒頭で述べたように、資産除去債務の全額計上（現行の両建処理方式）では貸方の資産除去債務全額の適正開示が先で、それに伴い借方側の問題が浮上する。すなわち、貸方債務と同額の資産計上、そしてその減価償却の問題です。

その問題性を探っていくと、本章でみてきたように現代会計の基礎に横たわる矛盾性、すなわち現代型にあっては端的にP／LとB／Sの伝統的関係（連結環という形での無矛盾性）からの離脱・脱却、そしてそれにともなうP／L目的とB／S目的との乖離に起因する矛盾が見えてきます。

その伝統枠、つまり収支を基礎におく期間損益計算からの離脱・脱却は、第5章で述べますが、とりもなおさずそこでの「収支の枠」ないし「収支の制約」からの離脱・脱却にほかならないといえます。

この点は資産の見方の相違にもあらわれます。端的に、伝統枠での動態論的資産観と現代型のファイナンス思考の資産観、すなわち「資産＝将来費用のかたまり」と「資産＝将来キャッシュフローのかたまり（割引現在価値）」、この相違です。注意されたいのは、「費用」（配分）と「価値」（評価）、換言すれば「配分」と「評価」との相違、対立です。[3] ここにも第1章での異なる2つの中心が現れています。それだけに、ここが重要といえます。

以上、本章のねらいは、その矛盾の出所が同じであれば、現に存在しないOCI／リサイクリング方式の会計処理を示すことで現行方式それ自体を相対化すること、そしてその問題性をその別方式の観点から明らかにすることでした。

重要なことは次の筋道、すなわち①財務実態の適正開示（B／S）→②OCI→③リサイクリング（費用計上）→④純利益計算（P／L）という順序であり（特に、①と②がB／S、③と④がP／L）、ここに、OCIとリサイクリングを媒介にした実態開示（B／S）と利益計算（P／L）との矛盾およびその調整の形、つまり矛盾の解決をOCIとリサイクリングでもって図るという形を見ることができます。

この形は、退職給付会計のケースに端的に見て取れますが、本章で取り上げた資産除去債務での別方式の会計処理にも共通して同じ形を見出すことができるのです（その形は後掲の参考2参照）。先にも述べましたが、現にあるものを、現にないものから見せることの重要性、意義といえます。

さらに言えば、より大きくはその矛盾の解決の仕方、すなわちOCI／リサイクリング方式それ自体を相対化するためにも、その矛盾の解決の別のあり方をみることはいっそう重要といえます（補論1参照）。本章の最後にその点を強調しておきたいと思います。

〈補論1〉矛盾の原形とその解き方―OCI／リサイクリングの相対化

本文で「その他有価証券」のケースに矛盾の原形を見ていると述べましたが、その出所からして矛盾の解き方のごく自然（素朴）な形は、時価開示をB／S本体ではなく注記事項とすることです。つまり、B／S本体化をやめることです。

この点は、本章で取り上げた資産除去債務での「引当金処理を採用した上で、資産除去債務の金額等を注記事項として開示する」（資産除去債務基準33）との意見にも通じています。伝統的な発生主義による引当金方式では債務全額がオンバランスされないので、その情報開示は注記でもってするというわけです。引当金処理＋除去債務全額の注記開示という別方式の会計処理です。それはシンプルですが、あるいはそれゆえに、ずばり矛盾の本質面（利益計算と実態開示）をついているといえます。第1章の議論で言えば、異なる2つの中心のまさにシンプルなつなぎ方です。

少なくとも伝統的会計の枠組みの観点からすれば、これが2つの目的を同時に達成しながら矛盾を回避できる手っ取り早い方法といえるでしょう。除去債務金額の開示が投資情報としての役立ちにあるなら（同基準22）、なおさらです。投資情報への役立ちは必ずしも利益計算に直結しないからです。その役立ちをいうなら、それは注記で十分達成できるといえます。

〈補論2〉債務のオンバランスとOCI──借方OCIの意味

包括利益＝純資産の増加額、つまり記号で示せば（CI＝包括利益、A＝資産、L＝負債、NA＝純資産、Δ＝増加）、CI＝ΔNA＝Δ(A－L)＝ΔA－ΔLより、貸方負債の増加（ΔL）はCIの観点からは借方CI、すなわち包括利益のマイナス（いわば包括損失）となります。それを伝統枠での純利益計算に調整（費用化）するのが、OCIを介在（仮置き場）させたリサイクリングといえます[4]。ここに、借方OCI（退職給付会計の仕訳㋑）、そしてその費用化（同仕訳㋺）の意味があるといえます。

なお、負債評価ではなく資産評価の場合は、（借）ΔA／（貸）OCI、つまりΔAゆえに貸方OCIとなります。負債評価（ΔL）と費用の関係に対し、ここは資産評価（ΔA）と収益との関係になります。OCIが借方か貸方かは出発点（オンバランスが資産か負債か）が違うだけといえます。

ちなみに、その他有価証券のケースでの時価表示の仕訳は（借）ΔA／（貸）OCIですが、現行基準（洗替法）では翌期首の反対仕訳（翌期首に取得原価に戻す）でOCIは常にゼロとなり、リサイクルの処理はでてきません。現行基準ではありませんが、切放法だと売却時にリサイクリング処理がでてきます。洗替法の問題点（特に時価開示が主役、取引仕訳の時価開示への従属性の2点）とあわせて、詳しくは『揺れる現代会計』（61-62頁）を参照してください。

図表3-3　OCIは何処から来るか

利益計算に本来的に直結しないものの侵入
伝統的な資本利益計算とは異質なものの侵入

⬇

①原形としての「その他有価証券」－時価開示とOCI
②改定退職給付会計－債務実態のオンバランス化とOCI

⬇

OCI／リサイクリングは、現代型と伝統型の会計が交渉・交錯するところに現れ、両者の矛盾・乖離の調整役を担う

参考1：OCIは何処から来るか

冒頭で述べましたが、必ずしも専門的なところに詳しくない読者のために、OCIは何処から来るかの要約図（図表3-3）を示しておきます。次の参考2の図表3-4とあわせて、本章の理解に役立てていただければと思います。

参考2：B／S開示とP／L計算の矛盾・乖離の形

参考1の「OCIは何処から来るか」をB／S開示とP／L計算との矛盾・乖離の形として示しておきます。なお、図表3-4は前章の図表2-2と基本的に同じものですが、あらためて解説を加えておきます。

※解説　現代会計におけるB／S中心型連携では（P／L中心型連携とは異なり）財務実態や財務リスクの情報開示が、本来それが利益計算に直結する性格でないにもかかわらず、その優位性のもとB／S開示を通して利益計算のなかに侵入してくるといえます。す

図表3-4　B/S開示とP/L計算の矛盾・乖離の形―OCIの出所―

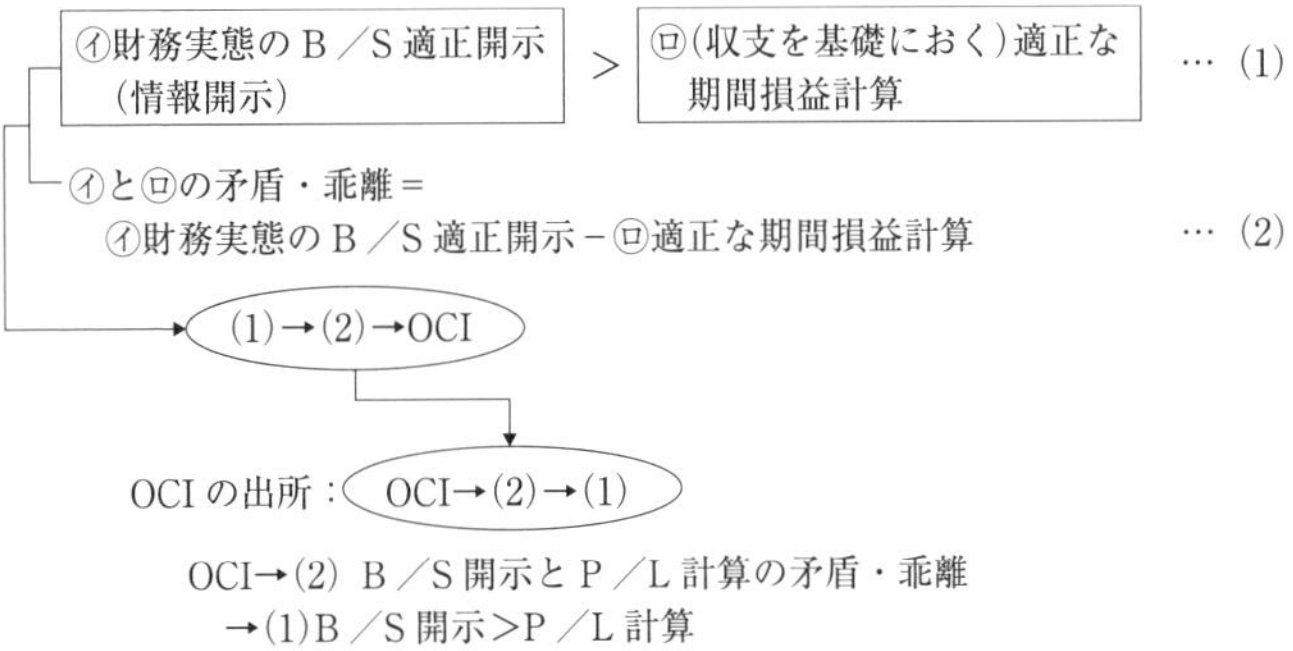

なわち開示から計算への規定性です（本文の図表3-2参照）[5]。

そして、そのことをわかりやすく不等式の形で示したのが図表3-4の（1）式、すなわち㋑財務実態のB／S適正開示（情報開示）>㋺収支を基礎におく適正なP／L計算、という点です（左辺の右辺に対する優位性・規定性）。そして、（2）式はこの両者の矛盾・乖離（左辺㋑－右辺㋺）、すなわち㋑財務実態のB／S適正開示－㋺適正な期間損益計算を示しています。

ここが現代会計の特異性の象徴ともいえる「その他の包括利益」の見方（出所）に結びつきます。端的に、（1）→（2）→OCIです。そして、その逆向きのOCI→（2）→（1）、これがOCIの出所（何処から来るか）の視点となるわけです。

注

（1）詳しくは『揺れる現代会計』69頁図表8-3の「会計基準の3つの場」参照。

（2）詳しくは『揺れる現代会計』70頁注（2）参照、

（3）「配分」と「評価」という点については第4章補注1「配分と評価の

双対性」参照。特に、いずれが主問題（主役）かという点、そして「二重の楕円性」という点を参照。
（4）逆に包括利益一本化の見地からいえば、ΔLは（ＯＣＩは介在しないので）全額包括損失となるだけで、その後のリサイクリングは不要となるわけです。負債のオンバランスにともなうＣＩのマイナスつまり全額費用（包括損失）を避けるには、ＯＣＩ／リサイクリングによる期間費用化（純利益計算）が必要になるといえます。
（5）Ｂ／Ｓ中心型連携については『揺れる現代会計』54頁参照。ちなみに、（1）式右辺の（伝統枠での）発生主義による期間損益計算の２大支柱を減価償却（費用／資産）と引当金（費用／負債）といえば、本文でみたように資産除去債務はその両者にかかわっています。冒頭で資産除去債務の会計をして現代会計の変容をみる格好の素材と述べたゆえんです。

（初出『経営財務』平成28年8月8日号）

Ⅱ　経済世相と現代会計

4　経済世相と現代会計
原油価格の急落と資源開発の失敗

新聞・雑誌のちょっとした記事やコラムに、時々の経済世相を映し出す現代会計の特質が垣間見えたりします。本章で取り上げる原油価格の急落と資源開発の失敗はその格好の事例といえます。すなわち、それが現代の企業会計のなかにどう現れているか、とりわけそこに現代の企業会計がもつ性格や特徴がどういう形で現れているか。以下、この点をみてみたいと思います。

巨額の在庫評価損、資源開発の減損―石油元売り会社、商社

まず1つは、5年ほど前の事例ですが、石油元売り会社の巨額の在庫評価損です。すなわち、原油価格の急落で石油元売り会社の在庫評価損が巨額となり、2015年3月期業績予想の下方修正

が相次ぎました（２０１５年2月5日付『日本経済新聞』）。ＪＸ４３００億円、出光１３７０億円、富士石油２６０億円と巨額です。では、なぜこれほどの損失がでたのでしょう。実はそこに現代会計の特質が如実に現れているといえます。

在庫の評価方法は、従来は代表的な2つの方法がありました。周知の先入先出法（ＦＩＦＯ）と後入先出法（ＬＩＦＯ）です。ところが後者の後入先出法が廃止となりました。その理由は後述しますが、そこを探っていくと現代の会計の特徴がよくみえてくるといえます。

さて、先入先出法だと直近仕入れの在庫がバランスシートに計上されることになります。したがって、元売り会社には70日分の原油備蓄が義務付けられていますが、価格下落が続く状況では評価損が膨らんでいくわけです。直近の在庫評価こそが、直近であるがゆえに、財務実態を適正に表示しているわけで、これが後でも述べますが現代会計の１つの特徴といえます（補注1）。

▼補注1　ＬＩＦＯ／ＦＩＦＯの選択適用時代の出来事

在庫の評価方法がＬＩＦＯとＦＩＦＯなどの選択適用だった時代では、何らかの（正当な）理由をつけて評価方法の変更による益出し、あるいは損失圧縮が頻繁になされました。私事になりますが、監査業務に携わっていた時代、当時の日本を代表する製鉄会社が在庫の評価方法の変更で巨額の赤字をまぬがれました。ある意味で牧歌的な時代であったともいえますが、固定資産の償却方法の変更とともに、この会計方法の

（裁量的）変更が当時の決算期恒例の出来事であったのもまた事実でした。

この会計方法の変更による巨額の益出しにさらに適正意見が付く、そうした監査業界のあり方を横目で見ていて率直な疑問を覚えたことを今でもよく記憶しています。さらにそれが投資家のための仕事といっても、その投資家の姿も形も見えない。もう40年余りも前になりますが、あわせて誰のため、何のための仕事なのか、そのことを真剣に考えさせられる端緒の出来事でした(1)。

もう1つの事例は資源開発の減損です。ここには商社が登場してきます。とりわけシェールガス事業と北海油田事業など資源ビジネス関連で、住友商事1928億円、丸紅1480億円、三井物産480億円、三菱商事350億円、といずれも巨額の減損計上となっています。商社5社あわせると4400億円もの巨額損失になります（いずれも2014年4月～12月期連結決算、2015年2月7日付『日本経済新聞』）。あとで、これが先の後入先出法の廃止理由とも重なることをみます。

ビジネス世界を映し出す――財務諸表の主役は

前の章でもみましたように、現代の会計にあっては企業の財務実態の適正開示がとりわけ重視されます。その点が、資産・負債が主役のB／S（ストック）重視につながっています。平たくいえば、財務の透明性（ガラス張り）ということです。

後入先出法の廃止にともなう先入先出法および低価法の一本化も、また減損処理も、後述しますが、資産の実態価値を開示するという点で共通しているのです[2]。本章での石油元売り会社と商社の事例は、そうした現代会計の特徴を物語っているといえます。

さらに言えば、巨額の評価損や減損（P／L面）はそうした財務実態（資産・負債）の適正開示（B／S面）のいわば結果としてでてくる。つまり、伝統的な枠組での適正な期間損益計算（P／L）が先にあって、その結果としての財政状態（B／S）の表示というわけではないのです。その逆なのです。

この点は、現代の会計は公正価値（fair value）会計といわれますが、いみじくもその公正価値の対象が何であるか、ここをみればわかります。つまり、そこに今日の財務諸表の主役はいずれかへの答えがおのずと示唆されているといえます。

さて、原油価格の急落や油田など資源開発の失敗といったビジネス世界の激しい変化が、会計というレンズを通して大きく映し出されるわけですが、そのことは現代の企業会計にあっては利益の計算だけが唯一の目的となっているわけではなく、今日的な意味での事業（ビジネス）モデルが如実に現れ出る会計となってきているといえるわけです。そのことは、ＩＦＲＳがマネジメント・アプローチといわれることからもわかります。

ここに、現代の企業会計が利益計算のパラダイムシフトとして登場しているか、という問いかけの1つの意味があるといえます(3)。なお、事業モデルについてはあとの第10章で取り上げます。

ポリティックスと会計―巨額損失が消える

先に、原油価格の急落で石油元売り会社の在庫評価損が巨額となり、業績の下方修正が相次いだことをみました。ところが、そのわずか3ヶ月後の報道では、たとえばコスモ石油の評価損はなんとゼロになるというのです。ドバイ原油価格が、その急落から一転して持ち直したからです。他のJX、出光のケースも同様に最終黒字になるという。これは一般の人からみれば奇妙なことです。そこに何ら経営者の黒字への努力はみられないからです。

原油価格は、シェールガスの資源開発にみられるように、原油生産国（OPEC）をとりまく国際情勢に大きく影響されます。原油価格（増産による価格操作）を通したヘゲモニー争いといった観さえ呈しているといえます。ちなみに、OPECはアメリカなどシェールガス油田の新たな石油資源開発への対抗戦略として増産による価格低下を維持していますが、その戦略がシェールガス関連企業の経営破綻の引き金になっており、これがまた先の商社の巨額減損につながっているのです。

コスモ石油など石油元売り会社や油田開発ビジネスに関わる商社のケースをみていると、そうした国際的なポリティックスが会計処理に大きく影響していることがみえてきます。まさに会計がそうした経済世相を映し出しているわけです。ただ、確定した3月期決算とその後の状況には大きな相違、すなわちそこにもはや巨額損失は消滅してしまっている。そしてわずか数ヶ月で一転して業・績が急回復している。

きわめて奇妙なことですが、これはいったいどういうわけか。少なくとも一般の人には理解し難いだろうと思います。

相場変動と会計的利益―「業績」とは

ここで問われるのは、そもそもそこでいう「業績」とは何なのか、とりわけその会計的性格です。上記のケースにも見られるように、相場変動次第で会計上の利益はいくらでも変わる。しかも、極めて巨額です。たとえ、それが経営者の直接的な裁量の外の事象（ここでは原油価格をめぐる世界情勢）であってもです。

今日の企業会計の1つの特徴は、こうした相場変動に大きく左右される利益計算のあり方、端的に「相場変動会計」という点にみることができます。とりわけ、四半期決算のような今日的な短期決算では、そのぶれは一層顕著にでてきます。そして、そうしたあり方がどこから来ているか、それが本来的な利益計算のあり方の再構成として登場しているのか、それとも別の要請から来ているのか、この点を明らかにすることが一層重要といえます。

相場変動と会計的利益という業績のあり方は、とりわけマクロ経済指標と連動しながら、市場動向（リスク）にさらされている金融商品やデリバティブにいえます。売買目的の有価証券がその典型ですが、そこでの利益計算（評価損益）とこれまでの議論（石油など）との共通性そして相違性をみるのは理論的にも重要といえます。この点はあとで述べます。

実態に近い「決算」――異なる2つの実態観

石油価格のように実物商品（棚卸商品）の在庫評価は、伝統的な会計の枠組内の会計方法（費用配分）といえます。そこでは、在庫評価（ストック）の決定と収益つまり売上に対応する売上原価（フロー）の決定とが対（双対）になっています。このフロー面とストック面の「双対」の関係が重要といえます。なぜなら有価証券という資産には、その関係が妥当しないからです（後掲の補論参照）。

ここで一般に費用配分とは、周知のとおり、棚卸資産の払出価額と期末棚卸高の計算（先入先出法、後入先出法など）や固定資産の減価償却（定額法、定率法など）がその代表ですが、重要な点はいずれも取得原価がベースになること、そしてそれらの資産がいずれも費用性資産といわれる資産――経営内循環過程にある実物投資資産――の範疇にあることです。ここが後述の有価証券――その外にある金融投資資産――と異なるのです。

ちなみに、この循環過程の内と外との相違は第11章で議論しますが、異なる事業活動（ビジネスモデル）の性質という論点ともかかわってきます。端的に、異なる事業活動の性質→異なる資産分類↓異なる測定基礎、この一連の規定関係です（この点は第10章参照）。

ところで、廃止された後入先出法の場合は、先入先出法とは逆に、直近仕入れが売上原価を構成します。この点で、売上に対応する売上原価は、直近仕入れだけに時価に近くなることになります。かつて出光興産は、いみじくも後入先出法は「実態に近い決算だ」と、その廃止への意義申し立てをしましたが、(4) そこでいう「決算」の意味が重要といえます。つまり、伝統枠の費用配分の思考は、あくまでB／Sの期末在庫価値の適正開示ではなく、P／Lの利益計算（決算）のためということです。

私は、かつての（金融商品ではなく）固定資産の時価会計――専門的には実体資本維持の個別価格変動会計――での利益計算のあり方を「フロー」の時価会計（費用時価）とよびましたが、ここでの後入先出法による利益計算のあり方は、売上原価（フロー）が時価に近くなる点で、そのあり方（費用時価）に近いといえます。

これに対し、先の在庫の時価評価というあり方は「ストック」の時価会計といえます。そこではB／Sでの期末在庫（ストック）の実態価値を適正に開示することが重視されるので、その評価（時価）が先決となります。その結果、フロー配分である売上原価が過去仕入のものとなり、それは先の後入先出法での「実態に近い決算」に対し、「実態から遠く離れた決算」といえます。

こうした「2つの実態」という見方からすれば、現代の企業会計がそのいずれを重視しているか、その点がおのずと浮き彫りになるといえるでしょう。読者には、ここにも第1章での異なる2つの中心が顔をだしていることをみてほしいと思います（あとの補注2も参照）。

いずれが主役か―フローかストックか

この点で、これまた一転して黒字となる昭和シェルを取り上げて、「原油価格の上昇局面では、過去に安価で仕入れた原油在庫が原価低減に寄与する」（2015年5月15日付『日本経済新聞』、傍点は引用者）と記しています。つまりフローの局面をみています。ただ、このフロー面に触れる解説記事はあまり見かけません。多く見られるのは、やはりストックの局面、すなわち「在庫の評価益」という今日的な見方なのです。

そこでの「フローの面」は、図式化すれば、先入先出法ゆえにケースⓐ価格上昇→売上原価（P／L）の低減→売上総利益の増加、ケースⓑ価格下落→売上原価（P／L）の増加→売上総利益の減少、ということになります。しかし、他方で「ストックの面」からは、ケースⓐ価格上昇→在庫評価（B／S）の増大→在庫評価益、ケースⓑ価格下落→在庫評価（B／S）の低減→在庫評価損、となります。先のフロー面とは異なり、在庫の評価益（損）といった見方がそれを象徴しています。[5]このフローとストックの相互関係（双対性）は、後掲の補論を参照していただければと思います。

では、いずれが主役なのか。伝統的な会計枠組においては、あくまでフローの利益計算が主役であり、在庫の資産（ストック）評価はその結果として出てくるにすぎません（フロー→ストック、先の「フローの面」）。しかし、現代の会計にあっては、その関係が逆転します（先の「ストックの面」）。

ここで注意したいのは、在庫の評価益という見方は有価証券の評価益に通じる見方のようにもみえますが、両者はその基本において性格を異にしているという点です。この相違をみることが理論的にまた重要なところです。この点は、棚卸資産や固定資産、そしてそれと比較した有価証券の3つのケースをみるとよくわかります（後掲の補論参照）。

配分なき時価会計へ―配分ルールの前提

株式に代表される金融商品や先物取引などのデリバティブは、相場変動に左右される時価会計の代表格といえますが、実物（石油）であれ、金融（株式）であれ、ともに資産評価を直近の時価で行う、という点では一見同じように見えます。

しかし、そこに石油と同じ仕入原価なるものが想定されるのか。時価評価差額としての利益計算に先の石油のような利益計算が成り立つのか。そこに実物商品に近似させて擬制された売買取引を想定する見解もありますが（擬制取引説）、私はその見方に疑問をもっています。端的には、売買目的有価証券の時価評価損益は収益費用（フロー）中心観で説けるか、という問いかけです(6)。

期末という特定時点の直接的な再測定には、つまり再測定（リセット）であるがゆえに、フローの配分思考は存在しません。配分ルールは、当初認識時の測定基礎、その典型は支出原価ですが、ここを維持継続してこそ成り立つ事前ルールといえます[7]。まさに、（フローの）配分計算なき（ストックの）時価会計であり、そこでの利益計算のあり方は、本来の原因計算よりも、むしろその結果計算という性格をもつことになります。

以上、ともかくも石油であれ証券であれ、相場という市場動向に左右される会計のあり方は、会計的利益のボラティリティ（変動性）を生み出します。それはとりもなおさずマクロ的な政治経済の動向（リスク）に大きく影響されるわけですが、そうした現代会計の特質は、本章でもみたように、伝統的会計の枠組にも深く浸透してきています。

繰り返しになりますが、同じく原価配分の伝統的枠内でありながら、なぜ後入先出法が廃止されたのか、その理論的・制度的な背景をつかむことが現代会計のあり方を探る際きわめて重要といえるのです。

〈補論〉フロー／ストックの双対性――棚卸資産、固定資産、そして有価証券

棚卸資産（LIFO／FIFO、低価法）と固定資産（減価償却、減損）とは、フロー／ストックの双対性という点で共通性（同形性）をもっています。この点をわかりやすい棚卸資産の図でもって説明してみましょう（図表4-1）。

図表４－１　フロー／ストックの双対性―費用性資産―

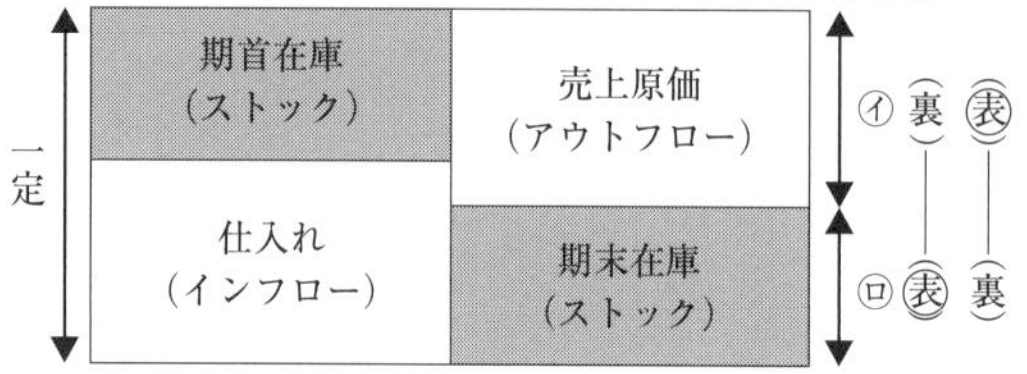

図表４‐１において、㋺の期末在庫（ストック）の評価益の方を「表」面とすれば、㋑の売上原価（フロー）はその「裏」面となる。本文でみた今日的なストック重視の見方がこれです。つまり、図表４‐１の借方側は一定額となるから、貸方側において㋺期末在庫の価値（時価）を重視すれば（表面）、その金額の増減にともなって㋑売上原価は反対の動き（減増）をとることになります（裏面）。これに対し、伝統的なフロー重視の見方では、その関係は逆となります（㋑のフロー面が表、㋺のストック面は裏）。

この点は、固定資産（減価償却）にも同じくいえます。つまり同形なのです。読者は棚卸資産の図表４‐１とのアナロジー（類比）をとってもらえればと思います。ただ、そこで注意したいのは、現行の減価償却はあくまで㋑のフローが表であるという点です。そこでは㋺のストックが表になることはないのです。

次に低価法ですが、そこではＬＩＦＯ、ＦＩＦＯのように払出価額（単価）を決めるわけではなく、たんにＬＩＦＯ、ＦＩＦＯなどで決まった期末在庫の簿価の切り下げ（評価減なる再測定）にすぎません。この見方はストック思考の減損と共通しています。いずれも下方修正のみですが、後述の有価証券に代表される今日的なストックの時価会計思考につながります。

しかし他方で、この低価法も、棚卸資産が費用性資産であるがゆえに、伝統的なフロー思考では配分（フロー）の修正という見方になります。(8) この点は、また減損での配分の修正思考と共通します。(9) 先の売上原価（棚卸資産）と減価償却（固定資産）が当期費用の決定であるのに対し、いずれも次期以降の配分修正となるだけです。つまり、ここでも両者は表と裏の双対性という点で共通しています。

しかし、ここでただ1つ有価証券の時価評価だけは、フロー配分なきストックの時価会計となります。つまり評価損益という表面のみとなる（表裏の双対関係なし）。それは、ここが重要なところですが、有価証券が費用性資産の範疇にないからです(10)（補注2）。

▼**補注2　配分と評価の双対性—いずれが主問題か**

フロー／ストックの双対性は、配分（フロー）と評価（ストック）の双対性ともいえます。(11) そして、その双対性（双対問題）においては、いずれが主問題（主役）かを問うことができます。後入先出法の廃止は「評価」が主問題になっているわけです。ただ、先入先出法も後入先出法もどちらも伝統型の枠内、つまりその点では1つの中心をもつ円形のなかでの議論といえますが、私はそこにも・い・ずれが主問題かという点で楕円性が潜んでいるように見えます。

しかし、有価証券はそれとはまったく異なります。円形の中ではなく、そこをはみ出しているわけで、文字通りの楕円としてのもう1つの中心の方にあるといえます。こうして、ここに現代会計がもつ楕円性のいわば二重性を（楕円はもとより円形内にも）見てとることができるといえます。

以上、理論的には棚卸資産（LIFO、FIFOなど、低価法）と固定資産（減価償却、減損）との共通性（同形性）――フロー／ストックの双対性――、そしてその観点から有価証券（時価評価および評価損益）との相違性（異質性、別枠性）を見ること、この重要性を指摘しました。

そして、制度的には今日的な時価会計思考が費用性資産の範疇にある棚卸資産や固定資産の伝統枠にも、その姿や形を変えながら少なからず浸透してきている現実があること（二重の楕円性）を見逃してはいけません。その行き着く先は、全面時価会計、包括利益一本化の道筋です。それはもはや伝統型の中心から遠く離れ、現代型の中心のみを有する、まったく別の円形の会計といえるでしょう。

なお、この点は第9章において現代会計の起点が資産・負債（ストック）の測定基礎にあることを受けて、「損益法はどこに」という問いかけを行っていますが、この論点ともつながってきます。

注

（1）それでは、今日ではどうか。『変わる社会、変わる会計』ではカネボウ巨額粉飾事件や「りそなショック」など、いくつかのトピックスを取り上げて監査業界をめぐる今日的課題に触れています。
（2）低価法一本化については『変わる会計、変わる日本経済』107-108頁参照。
（3）この点は『揺れる現代会計』49-51頁。
（4）この点は『変わる会計、変わる日本経済』104頁参照。
（5）こちらがつまり「ストックの面」の方が単純でわかりやすい見方ともいえますが、在庫の評価益という見方の問題性は『変わる会計、変わる日本経済』104頁参照。
（6）この点は『変貌する現代会計』147-148頁参照。
（7）当初認識時（維持継続）か特定時点（分離切断）かは、『変貌する現代会計』103-105頁参照。また、フロー配分なき時価会計を「リセット会計」（ご破算会計）とよびました（同書58-59頁）。
（8）配分の修正としての低価法の見方、すなわち「有用原価」の繰越は『変わる会計、変わる日本経済』108頁参照。この有用原価の繰越という見方は、配分の修正としての減損の見方にも通じます。
（9）減損には性格の異なる2つの見方、すなわちストック中心観とフロー中心観の減損があります。『変貌する現代会計』10頁のコラム2「資産＝『費用のかたまり』と減損会計―応用問題」参照。
（10）この点は、『時価会計の基本問題』第1章特に第4節「有価証券は商品Wか」という問いかけ、および第5節「擬制資本としての株式価格」を参照。
（11）配分と評価の双対性については『基礎学問としての会計学』第4章補遺（85-86頁）参照。

（初出『経営財務』平成27年6月29日号、補注1は加筆）

5 東芝問題の発覚と「利益の質」
発生主義会計の裁量性

東芝の会計不祥事（不正決算）を機に市場関係者で一気に注目されているキーワードがあります[1]。一般には耳慣れないタームですが、会計学ではよく知られている「アクルーアル」です。その焦点は、「利益の質」にあります。あたかも人に生活の質が問われるように、企業にあっては利益の質が問われるわけで、東芝問題の発覚はその点をあらためてあぶり出したといえます。以下では、その利益の質をテーマに議論したいと思います。

アクルーアルとは―発生主義会計の裁量性、宿命性

会計学のテキストでは、アクルーアル（accrual）はよくでてきますが、「発生」あるいは「発生主義」のことです。利益計算（期間損益計算）の中核にあるもので、通常「現金主義」との対応において説明されます。

それは、典型的には「企業会計原則」の最重要箇所（発生主義の原則）、すなわち「すべての費用及び収益は、その支出及び収入に基づいて計上し、その発生した期間に正しく割当てられるように

処理しなければならない」（損益計算書原則1A、傍点は引用者）に明確に規定されています。強調したいことは、それが現代会計の変容をみる参照枠ないし座標軸、つまり変容問題の原点といえることです（補注1）。

▼補注1　「不変の構造」と安定装置

私はその収支を基礎にした期間損益計算の基本構造を、「企業会計原則」を中核におく伝統的な会計制度の「不変の構造」とよびましたが[2]、特に2つのフロー（収入・支出と収益・費用）とストック（資産・負債）との関係が重要になります（この点は第2章での補注4を参照）。ここで重要なのは収支を基礎におくという点であり、それは後述の「安定装置」という点とつながります。

しかし、ここでの「アクルーアル」は会計上の利益とキャッシュフロー（現金収支）との差額とされているようですが、私はもう20年余りも前になりますが、かつてこの差額を「ギャップ分析」として論じました（この点は第2章の補注1参照）。そして、それが「利益の質」をみる1つの重要な視点であることを、特に「裁量的ギャップ」の時系列分析として示しました[3]。

すなわち、「…（中略）他方で、その発生主義会計に固有の会計的裁量（会計処理による決算操作）といういわば宿命的問題がある。キャッシュ・フロー計算の財務報告は、将来のキャッシュ・フローの予測に役立つという投資決定情報だけでなく、いわゆる『利益の質』に関する情報を提供する。両フローのギャップ分析はそうした視点からの試みにほかならない」と（『キャッシュ・フロー簿記会計論』60頁）。

東芝の不正決算は、まさにそこにいう「発生主義会計に固有の会計的裁量」そのものといえます。そしてその不正につながる裁量が経営トップによる組織的行為であったことが、それを止めることができなかった〝社風〟の存在とともに、大きな経済問題として世間を騒がせたわけです。

利益の質とは—利益は意見、キャッシュは現実

「勘定合って、銭足らず」、これは利益とキャッシュフロー（現金収支）との相違を端的に表現しています。「勘定合って」つまり黒字だが、「銭足らず」つまり手元にお金、キャッシュがない。その行き着く先は、「黒字倒産」です。

もう1つ、両者の相違をうまく言い当てている言葉があります。「利益は意見、キャッシュは現実」です。ノキアのTシャツに書かれていることでも知られていますが、ここで「意見」とは利益が会計方法に左右されるということであり（主観性、恣意性）、他方「現実」とは現金収支の事実そのものであり、それが会計方法に左右されない（客観性、事実性）、ということです(4)。

キャッシュは事実なる「現実」ですが、利益は「決定される」ものといえます。会計ルールはい

わば両者をつなぐルールともいえます。つまり、収支という「事実」に基づく利益の決定ルールというわけです。少なくとも発生主義会計を中核におく伝統的会計はそういえます。重要なことは、利益とキャッシュとはそれぞれ別個のものでないという点です。

すなわち、「…（中略）だが、両者はまったく別個のものでもない。この理解が重要だ。ビジネスはキャッシュから始まってキャッシュに終わる（キャッシュ・サイクル）。その意味で『キャッシュは王様』である。このキャッシュからみれば、年度ごとの利益（期間損益計算）はキャッシュフローの期間配分とみることができる。その意味で、利益といえどもキャッシュを離れて存在するものではない」と（『変わる社会、変わる会計』188-189頁、傍点は引用者）。

ちなみに、同書では羅針盤としてのキャッシュフローに触れていますが（192頁）、新たな業績尺度としてのキャッシュフローは、まさに「投資先のクオリティーを測る際には必ず参照する」（2015年7月23日付『日本経済新聞』）という点にも通じています。

相場変動と利益の質──裁量内（組織）と裁量外（市場）

ここで、利益の質に関して、発生主義（会計配分）の裁量性という、いわば伝統型とは性格の異なる現代型の例をあげてみましょう。その典型はなんといっても短期保有の有価証券（売買目的有価証券）があげられます。その売却前の保有利得損失、これは今日では純損益となりますが、そこにはなんらキャッシュフローがともないません。

それが利益となりうる根拠についてはいくつかの議論がありますが、ここでの議論との関連では、特に利益の同質観と非同質観、オポチュニティとしての評価損益、この2つの論点だけ指摘するにとどめたいと思います。[5] なお、前者の利益の同質・非同質観については第9章で触れます。

さて、時価変動損益には、先にみたアクルーアルでの経営者の裁量性に対して、相場変動という経営者のコントロール外の事象が作用しています。となると、利益の質を問う問題は、経営者の裁量内（組織）、すなわち「会計方法」に左右される利益と、相場変動の影響をもろに受ける裁量外（市場）、すなわち「相場変動」に左右される利益となります。ちなみに、第4章でもみたように、実物商品でも石油元売り会社の業績は原油価格の相場変動に大きく左右されます。

つまり、利益の質にも、「会計方法」に左右される利益と「相場変動」に左右される利益、この性質の異なる2つのタイプがあることになります。そこで、後者（現代型）の利益の質の性格を、前者（伝統型）のそれと比較して、その相違を浮き彫りにしてみたいと思います。

なお、両者の性格の相違は実はその基礎にある会計枠組みの相違に根ざしているといえます。この点は第9章で論じますが、そこでは伝統型と現代型の枠組みの対照比較を示しています（図表9-2参照）。

収支の制約と利益の質—相場変動損益への視点

売掛金による収益が現金を伴わない売上収益であることに誰も疑問をいだきません。会計学の基本、「実現」主義だからです。同じく、減価償却費が現金を伴わない費用であることに誰も疑問をいだきません。同じく、「発生」主義だからです。

重要な点は、「実現」と「発生」の枠組みの基礎に「収支」があるという点であり、さらに重要なのはその収支が何らかの意味で確定性をもつという点です。それは、文字通り錨（アンカー）のように安定、固定させる安定装置ともいえます。伝統的な収支的期間損益計算の要のところです。ところが、現代の会計はその収支の安定装置から大きく離れ、投資家のための投資情報へと重点シフトがおきているわけです。

さて、その安定装置という点とかかわりますが、減価償却費は過去支出として文字通り確定しており、売上債権も回収可能性の問題はありますが将来収入として確定しています。将来支出にかかわる（負債性）引当金も、またしかりです（高い発生可能性、金額の合理的見積可能性）。しかし、有価証券の時価評価益はどうでしょうか。

それは同じく現金を伴わない利益ですが、上記の「実現」や「発生」の枠組みで説ける性格をもち合わせているでしょうか。もし同じ枠内であるというなら、それは第1章の議論からいえば中心が1つの円形の見方になります。しかし、すぐあとでみるように、私はここでも円形ではなく、もう1つの中心をもつ楕円の見方が妥当な見方になると考えています。

実現可能、あるいは事実上の実現といった伝統的な枠組みでの「実現」の拡大解釈や再定義で説く議論もありますが、そしてこれは総じて円形の見方といえますが（第1章図表1-1の「拡張」の見方）、そこには理論的検討の余地があるように思われます（第4章補論での有価証券の位置づけを参照）。この他にも、例えば時価評価損益を回収と再投資すなわち売買取引で擬制する議論（擬制取引説）がありますが、それは伝統枠にとらわれているといえます。もし、時価変動損益（保有損益）を積極的に「利益」というのであれば、伝統型のような収支の枠組（制約）に拘束されない別枠論を展開すればよいと思います。

変貌する現代の企業会計にあっては、減価償却に代表される伝統的会計の枠組み、すなわち収支の制約を受ける「発生主義会計」と、有価証券の時価評価に代表される別の枠組み、すなわち収支の制約を受けない「公正価値会計」とが併存ないし共存している。これが私の見方であり、まさに2つの中心をもつ楕円の思考にほかなりません。そして、その分水嶺は「収支の制約」という点にあります。ここが重要なところといえます。

こうして、冒頭にあげた「企業会計原則」の最重要箇所（発生主義の原則）は、まさに現代会計の変容を見るベンチマークにほかならないといえるのです。そして、なぜ「収支の制約」を受ける損益計算（収支的期間損益計算）になっているのか、そのさらなる根拠を見ることが、また変貌する現代会計への視点となります（補注2）。

▼補注2　「収支の制約」の制度的根拠──2つの会計機能の分離

この点は「企業会計原則」の2つの機能（開示規制と分配規制）の1つ、すなわち分配（処分）可能利益計算という制度的要請とかかわります。そして、その2つの機能の観点からは、IFRSの浸透による今日の企業会計の変貌は、その分配規制の両者からの分離という点から捉えることができます。

この会計計算の制度性、つまり制度中立ではないという点は、『変貌する現代会計』第2章（32-34頁）で論じています。(6) なお、「企業会計原則」が担ってきた2つの機能は、あとの第7章で論じる戦後会計制度史のなかで触れています。

注

（1）2015年7月23日付『日本経済新聞』。
（2）『変貌する現代会計』28-29頁参照。
（3）この点は前掲『日本経済新聞』での「低アクルーアル企業」（利益の質が高い企業）と「高アクルーアル企業」（利益の質が低い企業）の比較分析（投資選別）ともつながります。
（4）詳しくは、『複式簿記のサイエンス』第4章（1）「利益とキャッシュ」、付論2の「差異調整表」参照。
（5）詳しくは『変貌する現代会計』84-86頁。
（6）同書第10章（企業会計と商法・会社法）と第11章（企業会計と税法）では、分配規制の分離とかかわって、トライアングル体制の変容について論じています。

（初出『経営財務』平成27年8月31日号、補注2は追加）

6 東芝の買収スキームと巨額の子会社売却益
債務超過回避の手口

前章では東芝の会計不正問題を素材に伝統的な会計の基礎にあるアクルーアルをめぐる議論を行いました。そこでは特に現代的な相場変動会計との対比が論点でした。

本章では、前章の続編になりますが、同じく東芝のその後におきた会計問題を取り上げます。前章での発生主義会計の裁量性とはまた異なる（法と会計がからむ）複雑巧妙な手口（SPC利用）、すなわち巨額の子会社売却益にからむ債務超過回避の手口に挑んでみたいと思います。

再び東芝問題の浮上―巨額の子会社売却益

東芝の会計不祥事（不正決算）が2015年に発覚しましたが、2016年3月期決算にあたり再び怪しい会計問題が浮上しました。すなわち東芝のキヤノンへの子会社売却益をめぐる問題です。それは債務超過回避の目的で、法（会社法、競争法）と会計とが巧妙に組み合わされた、トリックまがいの手法ともみえます。

この東芝問題は、2015年とは異なって、つまり前章で議論した「利益の質」をめぐる発生主義会計の裁量性や宿命性といった問題とは次元が異なって、会計判断だけで片づく問題というより、むしろそれに先立つ法的問題（買収スキーム）が重要なポイントになり、それがまた読者にとって1つの関心事になろうかと思われます。

重要なことは、後述しますが、その全体的な意図や実体、つまり買収スキームのカラクリを十分踏まえて会計処理の適正性、つまり巨額売却益の計上の適正性、妥当性が判断されるべきであるという点です。

複雑巧妙な買収スキーム─何のため

この問題を2つの週刊経済誌、『週刊ダイヤモンド』（2016年4月23日号）と『週刊東洋経済』（2016年5月14日号）が取り上げています。前者はわずか2ページにすぎませんが、その全貌をうまくあぶり出しています。そこでは東芝の子会社である東芝メディカルシステムズ（TMS）のキヤノンへの売却益問題に詳しくは触れていませんが、むしろその前提になる複雑で巧妙な買収スキームのカラクリをあばこうとしています。ここが会計問題ともからんで関心のあるところであり、興味深いところです。

私は会社法（種類株など）や競争法（独禁法）の専門家ではありませんが、後述する会計問題の前提になる買収スキーム、とりわけ競争法回避のため設立された特別目的会社（SPC）であるMS

ホールディング（MSH）の存在が議論の要の位置にあるといえます。通常の売却なら、むろん単純に子会社の全株式を譲渡すればよいのですが、会計問題にとって1つのポイントは、この資本金わずか3万円のペーパーカンパニーMSHの存在です（キヤノンへの売却直前の3月8日設立）。明らかに、競争法上の審査（クリアランス）をすり抜けるための苦肉の策といえるからです[1]。

こうして、キヤノンの東芝子会社TMSの買収をめぐってはペーパーカンパニーMSH（議決権のある株式所有）が介在し、しかも6655億円で譲渡を受けたキヤノン側には議決権がない。というより、クリアランスのため形式的に議決権を外したわけで、議決権はSPCのMSHがもつ形になっているのです。

このような「宙ぶらりん」状態の子会社TMSをキヤノンに売却したというわけですが、その売却は果たして完了しているといえるのか。ここが重要な争点になります。

子会社売却は完了しているか──クリアランス問題の先決性

次に、会計上の問題ですが、具体的には2016年3月17日のキヤノンからの入金6655億円（東芝子会社TMSの株式譲渡契約）でもって、その子会社売却は本当に完了しているか、これが争点になります。

その1つの重要なポイントは、クリアランス問題の判断になります。ここは会計問題に先立つ公正取引委員会などの判断を待たねばなりませんが、かりにその審査が通らなかったらどうなるか。『週刊東洋経済』の取材によれば、実際、キヤノンのCFOはそうなれば、東芝が買い戻すのではなく「第三者を探す」と明言しています。キヤノン側からすれば、それは買収完了後の話かもしれませんが、そうしたいわば停止条件付き（クリアランス問題の結論いかん）での子会社売却が、東芝側にとってそもそも売却の完了といえるのかです。

ちなみに、私は『東洋経済』の記者から取材を受けましたが、必ずしも正確に伝わっていない面があります。そこでの真意は、ペーパーカンパニー（MSH）の介在や、クリアランス問題が未決の段階でキヤノンへの子会社売却が完了といえないなら、入金した6655億円は前受金にすぎないということでした。

もう1つは、キヤノン側に（競争法をクリアするため）形式的には議決権がなくても実質的に経営に影響力をもつ支配力があるなら、なおのことクリアランス問題の判断が重要だという点でした(2)。

至上命令と巧妙な手口―SPCの利用、法と会計

今回の東芝問題には、いわば法律の専門家と会計の専門家が知恵を出し合った、きわめて巧妙な手口が垣間見えます。すべては先に結論、すなわち3月決算での売却益計上という目的（債務超過回避の至上命令）があった。キヤノン側からすれば、東芝子会社TMSを他の会社に奪われないた

めですが、東芝側からは巨額の売却益計上という至上命令が真っ先にあったわけです。

私はかつての金融危機のとき、巨額の不良債権はずしに特定目的会社（ＳＰＣ）を利用した多くの銀行や不動産会社の事例をみてきました。(3) 今回もＳＰＣ利用という点で共通点があります。会計操作は時代の変化、つまり経済の高度化・複雑化とともに複雑巧妙化するでしょうが、それゆえにこそ、繰り返しになりますが、会計処理の適正性、妥当性は、部分的・形式的ではなく、その全体的な意図や実体を十分踏まえて判断されるべきであるといえます。

ちなみに、この全体的な意図や実体という点で、また法と会計の双方がからむという点で、公正な会計慣行が最高裁で争われた旧長銀事件が格好の事例といえます。(4)

なお、長年にわたり監査を担当してきた新日本監査法人は、今回の監査でもって契約が切れるといわれています。それだけに、前章でみた２０１５年の会計不祥事を見抜けなかった点や、さらにはかつてのＳＰＣ利用の会計操作の教訓も踏まえると、今後も同じような不正が起こる可能性も否定できないだけに、繰り返される不正会計・監査のあり方が問われます。

注

（1）その競争法上の審査（30日間の待機期間）をすり抜ける脱法まがいのカラクリは、両誌の解説を参照。
（2）加えていえば、キヤノンの投資先（ＴＭＳ）に対する新株予約権（潜在的議決権）は国際会計基準（ＩＦＲＳ）

第10号によれば「支配」に該当します。

（3）ＳＰＣの利用実態については、『変わる会計、変わる日本経済』の4「サブプライム問題と会計」45頁参照。

（4）詳しくは『変わる会計、変わる日本経済』の11「旧長銀事件裁判と『公正な会計慣行』」参照。

（初出『経営財務』平成28年6月6日号）

Ⅲ　全体史からの視点

7　戦後会計制度史の転換点
「会計ビッグバン」から「東京合意」へ

わが国の会計基準の設定機関である企業会計基準委員会（ＡＳＢＪ）は、２００７年８月８日、国際会計基準審議会（ＩＡＳＢ）と全面統合化（コンバージェンス）で合意しました。これが、いわゆる「東京合意」といわれるものです。それは日本の会計制度にとって、まさに「そのとき会計は動いた」といえる１つの歴史的な出来事であったといえます。

本章では、その制度変遷史上の位置を踏まえて、その意義および課題、とりわけ今日の会計問題とどうつながっているかなど、理論的側面も交えて議論してみたいと思います[1]。

図表7-1　「企業会計原則」から会計基準の国際的統合へ
―戦後の制度変遷史―

【第Ⅰ期】「企業会計原則」の制定とその展開（4回の改正）…1949年～
1）制定（1949年、昭和24年）から第2次修正（1963年、昭和38年）
2）第3次（1974年、昭和49年）、第4次修正（1982年、昭和57年）

【第Ⅱ期】「金融ビッグバン」の一環としての「会計ビッグバン」：1997年～
3）一連の新会計基準導入（ASBJ）
4）国際的調和化（ハーモナイゼーション）

【第Ⅲ期】会計基準の国際的統合化（コンバージェンス）
5）ステージ1…EUへの対応（2009年問題）：2005年～
6）ステージ2…東京合意、同等性評価：2007年～2011年
7）ステージ3…修正国際基準（JMIS）、連単問題など：現在

（『変わる会計、変わる日本経済』76頁図6-1より）

「企業会計原則」、「会計ビッグバン」そして「東京合意」へ
―パラダイムシフト

まず、半世紀以上にわたる戦後の会計制度の変遷を歴史的に振り返って、「東京合意」の位置を確認しておきたいと思います（図表7-1）。

まず「会計ビッグバン」ですが、それを語るにはむろんそれ以前（前史）をみなければなりません。図表7-1の第Ⅱ期「会計ビッグバン」が始まる以前の第Ⅰ期の主役は、いうまでもなく「企業会計原則」です。会計ビッグバンが始まったのが1997年ですから、1949年の制定からおよそ半世紀の会計制度の中核であり続けました。

そして、今日においても、そこでの基本的な考え方が消滅したわけではありません。ただ、それだけ重要な原則であるにもかかわらず、その今日における位置づけやあり方の議論も十分なされることもなく、第Ⅱ期以降の会計制度の大きな変革（会計ビッグバン）のなか、ある種埋没している感が否めません。

しかし、これもまた事実であろうと思います。

第Ⅱ期から日本の会計制度は大きな変革期に入ってきます。それを押し進めたのが、ときの橋本内閣がかかげた「金融ビッグバン」（金融システム改革）であり、そのスローガン「フリー（自由）、フェアー（公正）、グローバル（国際化）」が象徴するように、バブル崩壊後の金融・証券市場の大改革であったといえます。第Ⅱ期以降の会計制度改革も、その一環としてあるわけです。ここが重要で、当然のことですが、会計がそれ独自で自ら変革、変身するわけではないのです。とりわけ、金融・証券市場のインフラとしての会計・監査は、そのスローガンをそのまま受けもつことになります。

こうした時代要請、社会経済的条件の変化に「企業会計原則」は必ずしも適合しえず、言い換えれば第5次・第6次修正といった形（修正の延長上）で対応できる性格ではなく、ここにあらたな時代のステージが始まります。「企業会計原則」の基礎にある伝統的な原価主義会計の枠組みから時価会計導入へのパラダイムシフトであり、その主役はなんといっても国際会計基準（ＩＦＲＳ）です。そして、なぜ適合、対応できないかは、さらにその根っこにある会計思考に遡る必要があります。この点は後述します。

第Ⅲ期は、まさにその「グローバル」の大波が会計の世界に押し寄せてくる時代といえます。第Ⅱ期での「調和化」とは格段に異なる会計基準のコンバージェンス（統合化、共通化）、さらには世界一本化の方向です。ここに、国内基準とのせめぎ合いが始まりますが、それを象徴するのが第Ⅲ期のステージ1と2に示されているように、2005年のEU市場への対応（2009年問題）であり、そして2007年の「東京合意」です。

「東京合意」の意義と課題─孤立回避と会計ビッグバン後の戦略

まず「東京合意」の意義ですが、それは何と言ってもコンバージェンスへの作業行程が明確に示された点にあります。たとえば、2008年だけでも、①在外子会社との会計基準統一、②棚卸資産の評価方法（低価基準の原則化）、③持分プーリング法の廃止（パーチェス法への一本化）、④工事進行基準への統合化が挙げられましたが、今日そのすべては決着しています。そして、2011年までにのれんの定期償却の廃止が挙げられましたが、この点は今なお決着がついていません。この点は、第11章補論1で取り上げます。

私は当時この償却廃止問題は持分プーリング法の廃止とは違ってそう簡単には片づかない1つの〝関門〟だと指摘し、「さらに、それで完了というわけではなく、最終段階までに避けて通れないもう1つの関門がある。利益概念を巡る基本的対立だ。その基本相違の解消にどのような決着をつけるか、会計の根っこにある会計思考の対立だけに、より大きなそして最終ステージでの難関といえる。それは、孤立を避けながらも〝正論〟をどう通すか（正論と孤立のジレンマ）、という点でも難関だ。この点は、とりわけ日本の〝発言力〟ともかかわる」（『変わる会計、変わる日本経済』74頁）と述べました。なお、その「発言力」についてはパートⅣ（第9章〜第11章）で議論します。

さて、この点は、現在の第Ⅲ期のステージ3につながってきます。ここで少しだけ触れておくと、特に企業会計審議会「国際会計基準（ＩＦＲＳ）への対応のあり方についてのこれまでの議論（中間的論点整理）」（２０１２年７月）と同「国際会計基準（ＩＦＲＳ）への対応のあり方に関する当面の方針」（２０１３年６月）にはそれまでのコンバージェンスの流れに慎重な姿勢が読み取れますが、その潮目の変化にアメリカの動向があります。それを受けた２０１１年の自見大臣談話がそれを物語っています。

そうした動向変化（ＩＦＲＳとの距離）にともなう基準設定主体間のいわば力学的変化は、日本の発言力が相対的に強まることにもつながるといえます。のれん償却の修正を求める修正国際基準（ＪＭＩＳ）もそうした流れと密接につながっています。

ここで少し触れておくと、償却支持の根幹に投資回収計算がある点は重要なところで（第11章の補論1参照）、逆に非償却支持には会計情報の価値関連性、つまり投資情報としての価値という、それとは異質の観点があるといえます。まさに第1章での異なる2つの中心がぶつかるところといえます。以上の点は、財務会計の根幹にかかわる会計問題といえるだけに、第9章および第11章で議論します。

さて、話しをもとに戻しますと、「東京合意」4日後の『日本経済新聞』2007年8月12日付の社説は「会計ビッグバン後の戦略を固める時だ」と題して論評していますが、その全面をつかった扱いは、「東京合意」の時代的意義の大きさを物語っているといえます。

とりわけ、「米国基準と国際基準が拮抗する新たな状況の下で、日本の会計基準について最終的な責任を負う政府（金融庁）は、国際基準との共通化を前提に戦略をどう描くかを問われている」（傍点は引用者）というように、従来の企業会計の目的、すなわち適正な期間損益計算の遂行では到底おさまらない、金融庁の会計外交といった様相まで呈しています。最近の論調のなかでもよく登場する「国益」といった言葉が、それを象徴しています。会計基準のなかだけの議論では見えてこないところといえますが、この点は次章でより広い観点から議論します。

こうして、まさに会計ビッグバンの総仕上げを迎えたことになり、コンバージェンス問題は新たなステージに入っていくことになります。

投資家本位会計と情報開示会計へ——金融ビッグバン、グローバル金融資本主義

先に述べたように、第Ⅱ期の「会計ビッグバン」あたりから、第Ⅰ期の「企業会計原則」は次第に影が薄くなってきました。さらに第Ⅲ期にいたっては、国際会計基準の世界浸透の大波に飲み込まれてしまった感があります。特に第Ⅲ期に入って、新聞紙上ではEUの「2009年問題」や会

計基準の「コンバージェンス問題」が大きく取り上げられることはあっても、「企業会計原則」が出てくることはまずありません。

第Ⅰ期と第Ⅱ期の時代を画するものは何であるか、この基本視点がまずもって重要ですが、すでにみたようにそれは「金融ビッグバン」です。第Ⅲ期はその延長・発展上にあるので、第Ⅰ期と第Ⅱ・Ⅲ期を画するのは、端的には金融・証券のグローバル化であるといえます。もう少しいえば、そのグローバル化を押し進めているのが英米であり、会計基準の世界一本化も英米主導のもとでなされることになります。ここで重要なのは、次の第8章で議論しますが、英米型世界標準の史的相対という視点です(2)。

振り返れば、「企業会計原則」は戦後体制からの経済復興、とりわけ証券経済のインフラとして次第に定着していったといえます。それはまた商法との調整の歴史でもあったように、国内のインフラ整備（利害調整機能）の一環としてであったといえます。会計理論からみれば、「企業会計原則」の諸規定は、収支の枠組みのもと適正な期間損益計算（収支的期間損益計算）の遂行という目的に収斂しています。

ここで収支の枠組みとは、第5章でみたように、「収支の制約」ということでもあります。この点をおさえておくことが重要で、それは本章の文脈では第Ⅱ・Ⅲ期への変容をみるベンチマークになるからです。端的に、その制約枠からの離脱・脱却です。

こうして、「企業会計原則」は、開示規制もさることながら、配当規制が利害調整の要の位置にあり、「企業会計原則」はこの双方の目的を担う会計原則という役割を合わせもっていたといえます。しかし、繰り返せば、今日の企業会計はこの「企業会計原則」の基本原則にも抵触する問題をかかえながらも、それを横目にあるいは顧みられることもなく、国際会計基準という大波に飲み込まれています。

そうした背景に、第Ⅱ期そして第Ⅲ期から急速に展開するグローバル金融資本主義、投資家資本主義といった資本主義経済の現代的あり方があり、企業会計も投資家本位の情報開示志向会計という性格を帯びてこざるをえないといえます。そして、その基礎に金融優位の経済（金融∨実物）という資本主義経済の今日的変容があります(3)。

次章でも議論しますが、ここが重要でまさに制度会計のパラダイムシフトの根っこにあるものであり、それはさながら大きな地殻変動による経済社会の構造変化といえます(4)。なお、地殻変動については第1章（注3）および第2章でも触れました。

コンバージェンスの推進役になれるか——基本思考の対立と「東京合意」後の課題

第Ⅲ期のコンバージェンス時代において、日本の一番の課題は何かといえば、それは英米欧主導のコンバージェンス過程における議論の推進役になれるかどうかという点です。とりわけ、投資家本位の情報開示志向を一層強める現代の会計にあっては、利益という最重要概念も大きく変容（変質）しています。それだけに、資本利益計算という企業会計の中核にある議論への日本からの貢献が大きな課題といえます。

その重要なキーワードは、第3章でも議論しましたが、新たな利益概念すなわち「包括利益」です。第Ⅲ期のステージ3は、この利益概念の問題を避けては通れません。コンバージェンス問題のすべてが集約される最大の課題ともいえます。そこには会計の根っこにある基本思考の対立がもっとも先鋭にあらわれるからです。端的には、ストック中心思考か、フロー中心思考か、焦点はこの基本的に異なる会計思考にどう決着をつけるかです（二者択一か、相互補完か）。

包括利益といえばストック中心思考一辺倒と思われていますが、必ずしもそうではありません。同じく包括利益といっても、実はそれとは基本思考を異にする別の包括利益があるといえます。たとえば辻山栄子「2つの包括利益」（『会計・監査ジャーナル』2007年10月号）は、まさにタイトルのとおり、それを的確に「2つの包括利益」として両者の相違に触れています。

つまり、二者択一的観点からの包括利益と、相互補完的観点からの包括利益、といってもいいでしょう。後者にあっては、ストック中心思考とフロー中心思考が併存融合しており、それは「包括利益[5]＝純利益（フロー中心思考）＋その他の包括利益（ストック中心思考）」という形であらわされます。重要なことは右辺第1項と第2項の関係であり、リサイクリングの問題もこの点とかかわっています。第1章での楕円の思考でいえば、異なる2つの中心の関係、つまり両者をどうつなぐか、この問題といえます。

コンバージェンスにおける「和魂洋才」―その道は可能か

最後に、その点ともかかわって、ここで幾分奇抜な言い方になるかもしれませんが、「和魂洋才」という点に触れておきます。

ここで「和魂洋才」は、元来の「和魂漢才」をもじったものですが、広辞苑では「両者を融合すること」と書かれています。ここでの文脈でいえば、会計基準作りにおける「和魂洋才」、すなわち日本基準の基礎にあるフロー中心思考（和魂）とIASBの基礎にあるストック中心思考（洋才）、この両者を融合する方向です。コンバージェンスにおける「和魂洋才」の道ともいえます。フロー思考がその「魂」である、という点がミソです。ちなみに、実は日本版概念フレームワークでの計算構造にも、ここでは詳しくは触れませんが、この融合の形つまり「和魂洋才」の形がみられます[6]。

とかく正論を通すことは孤立につながりますが、この正論と孤立のジレンマを解くための「和魂洋才」なる道は果たしてないものかどうか。本章の最後に、この点を指摘しておきたいと思います。

注

（1）ちなみに、「東京合意」に至る前は『変わる社会、変わる会計』の19「ＥＵと会計２００７年問題」、「東京合意」後は『変わる会計、変わる日本経済』の７「国際会計基準の世界浸透」および15「ＩＦＲＳ導入の『日本版ロードマップ案』公表へ」をそれぞれ参照。
（2）『揺れる現代会計』の２「資本主義の多様性とＩＦＲＳ」も参照。
（3）資本主義の動態変化と現代会計の史的位置は『揺れる現代会計』の11「現代会計の歴史性」を参照。
（4）ここで構造変化と形態変化の区別・相違が重要といえます。『基礎学問としての会計学』第7章での「不変の構造」から見た現代会計の異質性を参照。
（5）包括利益を中心に見れば（ストック中心思考）、包括利益－純利益→ＯＣＩとなるでしょう。注意したいのは、いずれを中心におくかその見方の相違といえます。
（6）『変貌する現代会計』１４４頁図表8-1参照。

（初出『企業会計』平成28年1月号）

8　大世界史のなかのＩＦＲＳ
新自由主義とＩＦＲＳ

１９８９年11月、私はアメリカのピッツバーグで世界史の転換点にいました。ベルリンの壁崩壊です。壁を斧でたたき壊す若者たち、あるいはブランデンブルグの門前で壁崩壊を祝うベートーベン第九の生演奏など、それらの実況中継に興奮して見入っていました。それから30年が経ちましたが、今大世界史ブームが再来しています。

では、今なぜ大世界史か、そしてそのことと現代の企業会計を代表する国際会計基準（ＩＦＲＳ）とはどうかかわるか。本章では、この点を議論してみたいと思います。

大世界史ブーム再来──今なぜ大世界史か

イギリスのＥＵ離脱問題を受けて、２つの週刊経済誌が競うように同時に特集を組みました。『週刊ダイヤモンド』（２０１６年7月16日号）ではまさに「大経済史」の文脈でＥＵ離脱問題を、また『週刊東洋経済』（同7月16日号）ではＥＵ危機を歴史の転換点として、それぞれ取り上げています。ＥＵ離脱やＥＵ危機の世界史的意味を知りたい読者には、まずもって紹介できる特集になっているといえます。

では、今なぜ大世界史なのか。それは世界が極度に不安定化してくると、その裏返しでもありますが、世界を理解したい、あるいは世界を解釈したい、という切実な思いが生じるのは当然の成り行きといえるからです。とりわけ、混迷する現代を大きな不安のなかで生きるわれわれにとって、それは単なる知識欲ではなく、いわば生きていくための知恵としての欲求といえます。

この点で、歴史家ブローデルの印象深い言葉、「歴史学の任務のひとつは現在のさまざまな不安な問題に答えを出すことである」（浜名優美『ブローデル「地中海」入門』藤原書店、２０００年、14頁、傍点引用者）は、私が歴史学に求めるものを端的に言い表しているといえます。

端的には、今日の資本主義社会が歴史の大きな転換点にきているということです。その点では大世界史ブームのきっかけは、なにもイギリスのＥＵ離脱だけではありません。たとえば池上彰・佐藤優『大世界史』（文春新書、２０１５年）には、なぜ今、大世界史かの問いかけがあります。対談で読みやすい形になっているので、あわせて紹介しておきます（補注１）。

▼補注１　歴史の大きな転換点（その１）―問われる資本主義

歴史の大きな転換点という点は、たとえば『日本経済新聞』におけるシリーズ「震える世界①～⑤」（２０１６年７月２日～７日）、「問われる資本主義①～④」（同８月９日～12日）の表題にも表れています。前者では特にエマニュエル・トッド氏のインタビュー、また後者では岩井克人教授の論説が、それぞれ本章の文脈において有益といえます。

特に重要なことは、世界の各地で起きている世界史的な問題（ＥＵ危機だけでなく、ウクライナ問題、中東の混乱など）が根底でつながっているという点です。このつながりのなかで見ていくと、つまりその根底にあるものから見ていくと、ＩＦＲＳも必然的にかかわってくるわけで、ＩＦＲＳのなかだけを見ていてはその拠って立つところ、つまりそのかかわりが見えてこない。ここに、世界史のなかのＩＦＲＳという見方が重要になってくるといえます。

以下、古典的著作もふくめ、示唆深い本をいくつか紹介しながら話を進めてみたいと思います。

全体史からの視点――今を知る

よく引用されますが、「文明は商業の親であり、会計は商業の子であるから、会計は文明の孫」（アーサー・ウルフ）という有名な言葉があります。言うまでもないことですが、会計はそれ自体が一人歩きするわけではなく、商業や経済の歴史とともに歩んできたわけです。

会計が「商業の子」のみならず「文明の孫」であるなら、文明史的な文脈で会計をとらえる視点が必要になるといえます。とりわけ、今日のような歴史の大きな転換点にあっては、新たな会計基準の検討も必要ですが、より大きな歴史軸から現在を知ることで、その拠って立つところを理解することがいっそう重要になるといえます。

ここでは、一般の読者にはなじみがないかもしれませんが、特に比較社会論的視点から興味深い古典的文献を1つ紹介してみたいと思います。経済人類学でよく知られたカール・ポラニーの『大転換（*The Great Transformation*）』（野口建彦・栖原学訳、新訳、東洋経済新報社、２００９年）です。まさに本章のテーマそのものですが、ここでの文脈においては副題の *The Political and Economic Origins of Our Time* の "Origins" が重要になるといえます(1)。全21章の大部な著作ですが、訳者による各章の概要紹介もありますので、手っ取り早くはそこから全体像をつかむことができます。

特に、そこで論じられている今日の資本主義社会とそれ以前（前資本主義社会）の貨幣・交易・市場との比較相対は、伝統的社会と現代の自己調整的市場社会との経済史・文明史・人類史的な比較論研究として、まさに「20世紀の古典」といえます。問題は、そのことがＩＦＲＳとどうかかわるかです。

ともかくも、ここで少なくともいえることは、資本主義が史的システムならその基盤の上にたつ会計もまた史的システムであり(2)、その全体史から現在の位置を知ることが重要になってくる、ということです（補注2）。

▼補注2　会計史研究の伝統的方法

ちなみに、ここでの文脈において会計史研究の伝統的方法に少しだけ触れておきたいと思います。すなわち、会計史研究というと、例外はあるものの、主として歴史を遡る商人の帳簿や簿記書などの文献（古文書）を軸にしたものが主流といえますが、むろんそれだけが会計史研究ではありません。後述する複式簿記の生成史も近代会計そして現代会計の発展史も、簿記・会計という小さな世界ですが、より大きな社会経済さらには文明の歴史的文脈のなかで捉える視点が重要だと思います。端的に、「大世界史のなかの簿記・会計」といった会計史研究もまた、たいへん重要な研究のあり方だと私には思われます。

ワシントン・コンセンサスと現代会計―歴史の教訓

さて、『大転換』第1章では19世紀文明が4つの制度――バランス・オブ・パワー、国際金本位制、自己調整的市場、自由主義国家――から成り立っていることが論じられていますが、ここでの文脈では特に自己調整的市場という点が現代の新自由主義とのかかわりで重要になります。

同書の「序文」を担当したスティグリッツも、同じく「紹介」を担当したポラニー研究の第一人者ブロックも、ともにポラニーの現代的有効性としてワシントン・コンセンサス、すなわち自由市場原理の拡大を目指す経済戦略に触れていますが(3)、この点は現代会計の根っこに何があるかを知るうえでたいへん重要なところといえます。特に注意したいのは、ワシントン・コンセンサスがアメリカ金融界の利益を代表する考え方であるという点です。

ここで、次のような大きな歴史軸を描いてみると、現代会計の根っこにあるものが見えてくる。少なくとも私にはそう思えてきます。すなわち、図式化すれば、先にみた㋑自己調整的市場自由主義の確立（19世紀イギリス）→㋺新自由主義→㋩ワシントン・コンセンサス（20世紀アメリカ）→㋥グローバル・ポリティックス、グローバル・ガバナンス→㋭今日の企業会計のあり方（会計基準の国際的統合化、国際的規制）、です。(4)

この点は、たとえば『揺れる現代会計』において「IFRSに代表される現代のアカウンティングもそうした世界戦略・編成の一環としてある」（178頁）と述べたのもその1つですが、(5)その世界戦略・編成の一環という点は、実は新自由主義と普遍語という視点にもつながってきます。

そのまえに、ここで先の大きな歴史軸でのワシントン・コンセンサスと新自由主義に少しばかり触れておきたいと思います。

IFRSの根っこと新自由主義

ここでの論議に関心のある読者には、『大転換』の「序文」と「紹介」に加えて、訳者あとがきを読まれることをおすすめします。そして、スティグリッツもブロックもいうように、同書が現代世界の危機を理解するのに不可欠な書物であることを読み取ってもらえればと思います。

ここではスティグリッツとブロックの次の一節だけ引用しておきますが、特に歴史の教訓という点が、冒頭での問い、すなわち今なぜ大世界史かという点ともかかわってきます。この点は後で述べますが、ＩＦＲＳの根っこに何があるかを見ていくことにつながります。

「不幸にして、正統派自由主義の現代版たるワシントン・コンセンサスの信奉者がこの19世紀の教訓を思い出すことはほとんどないのである」（スティグリッツ、傍点は引用者）。

「この市場自由主義の教義は、１９８０年代以降、とりわけ１９９０年代初頭の冷戦の終焉とともに、サッチャーリズム、レーガニズム、新自由主義、さらに『ワシントン・コンセンサス』の名のもとに、グローバル・ポリティックスを支配するようになった」（ブロック）。

新自由主義と普遍語――覇権的な言語という見方

慣習や文化、そして言語、これらは会計と無縁のように思われるかもしれません。しかし、実はそうではなく会計と密接にかかわります（補注３）。

▼補注3　文化と文明――文化の特質とは

ここで文化と文明の区別に触れておくことが、ここでの文脈とかかわります。たとえば阿部謹也『自分のなかに歴史をよむ』（ちくま文庫、２００７年）では特に文明と区別される文化の特質、すなわち地域性、特殊性、非合理性にふれて、その中に言語を含めている点が重要になります（１４８-１５１頁）。

ちなみに、「自分のなかに」（つまり自分の外でない）というタイトルに魅せられて同書を何度か読みましたが、この点は先に引用した歴史家ブローデルの印象深い言葉と重なります。その自分史風（学問的来歴）の叙述は魅力的ですので、一読をおすすめしたいと思います。

会計研究者の頭脳流出の筆頭格ともいえる井尻雄士（カーネギーメロン大学名誉教授）はカーライルの「衣装哲学」をひいて会計の本質を慣習の力に見出していますが[6]、この点はシャム・サンダー教授（イェール大学）が強調するsocial norms（慣習、慣行、習わし）に通じています。

すなわち、会計基準（ルール）の世界一本化・一元化（ＩＦＲＳ化）に批判的なサンダー教授は、「ただ言えるのは、会計基準設定主体の独占を許すということは、少なくともこのsocial normsから離れていく方向にあることは間違いないと思います。…（中略）ルールも必要だけれども、ルールだけでは駄目だと。rules プラス social norms がなければならない」（傍点は引用者）と述べていますが、social norms の多様性と rules の世界統一（独占）とは対局にあるといえます[7]。

ここで、特にこの social norms とも密接にかかわる「言語」の観点からＩＦＲＳをみると、ここでもまたその根っこに何があるかが見えてくるように思えます。すなわち、先にみたワシントン・

コンセンサスに象徴されますが、そこでの新自由主義的政策、とりわけ資本の国際移動がグローバル戦略ゆえに「普遍語」志向とつながっている点が重要といえます。グローバル企業のビジネス環境整備の一環としての普遍語、つまりグローバル企業言語としてのＩＦＲＳです。

この点で、もう1つ興味深い本を紹介しておきたいと思います。施光恒『英語化は愚民化』（集英社新書、２０１５年）です。そこでは「普遍語」と「土着語」（母国語）の示唆に富む論議がなされていますが、同書の随所にでてくる普遍語化（英語化）をＩＦＲＳ化と読み替えれば、新自由主義と普遍語（グローバル言語）としてのＩＦＲＳのあり方（覇権的な言語）も見えてくる思いがします。

言語は単なる表現の手段ではなく、文化、社会、政治と密接につながっているのです。

ちなみに、覇権的言語としてのＩＦＲＳという見方に関連して、複式簿記の世界伝播、すなわち14、15世紀のイタリア→17世紀のオランダ→18、19世紀イギリスに触れておくと、その伝播の過程が実はその基礎にあるヘゲモニー移転とぴったり重なります。簿記史と経済史との照応ということです。

この興味深い点は、『揺れる現代会計』（11-13頁）を参照いただければと思いますが、特に実物経済の利潤率の低下に起因するヘゲモニー移転に経済の金融化がともなうという点は、今日のＩＦＲＳのあり方への視点につながってきます。その一例として、金融セクターが世界経済の主役とするＣＦＡ協会の「包括的ビジネス報告モデル」をあげておきたいと思います（詳しくは同書98-99頁参照)。

言語のもつ覇権性――帝国、統治、言語

冒頭で紹介した池上・佐藤『大世界史』(218-220頁)でも、国家(トルコ、中国、ロシア、戦後日本)の言語への介入に触れていますが、そこに言語のもつ覇権性が表れているといえます(帝国、統治、言語)。加えて、教育システムが新自由主義に組み込まれるという点も重要なところで(同書220-221頁)[8]、その点は今日の大学でのIFRS学やIFRS教育のあり方を相対的にみる視点になると思います。まさにこの相対化という点が、国家試験などの専門学校とは異なる大学教育の肝要なところといえます。

ちなみに、先に「普遍語」と「土着語」(母国語)という点に触れましたが、この点に関連してここでもう1つ紹介しましょう。水村美苗『増補　日本語が滅びるとき――英語の世紀の中で』(ちくま文庫、2015年)です。水村氏は『續明暗』(筑摩書房、漱石の未完小説『明暗』を書き継いだ作品)でデビューし、その後次々に作品を発表している作家ですが、同書は端的に「英語の世紀の中で」にもあらわれているように、ここでの文脈と密接にかかわっています。つまり、英語の世紀のなかで滅びる日本語に、IFRS(普遍語)の世界浸透によって滅びていく日本の会計基準(母語)を重ねるわけです。この点で、先にみたsocial normsとしての言語という点を思い出してほしいと思い

ます。

ここで、とりわけ重要に思えるのは、母語と思考との関係です（同書419頁の「自然科学と母語の関係」など）。この重要な点は、先に紹介した施『英語化は愚民化』でも触れられているので参照してもらえればと思いますが、創造性を損なう外国語での思考という点です(9)。

アングロサクソン・モデルの本質と世界伝播――IFRSの根っこにあるもの

以上の議論に関連して、最後に国際会計基準（IFRS）の仕立屋は誰か、という問いをだしてみたいと思います。すると、そこにアングロサクソン・モデルの本質とその世界伝播という、現代会計のもっとも根っこにあるところの理解につながってきます。

アングロサクソン・モデルについては、かなりの大著ですが、渡部亮『アングロサクソン・モデルの本質』（ダイヤモンド社、2003年）が有益で興味深い議論を行っています。そこでは、アングロサクソン・モデルを株主資本主義としてとらえていますが、興味深いのはそれを「貨幣」、「法律」、「言語」の3つの要素から分析している点です。本章の文脈からは「言語」が1つの要素になっている点が重要で、それは先の言語の覇権性の議論ともつながってきます(10)。

繰り返しになりますが、現代会計の変容は、そういう根っこにあるものから見ないとなかなか見えてこないといえます。ここでは、拙著のコラムから次の一節だけ引用しておきます。

「企業会計の今日的変容をその基礎にあるものからとらえるという視点は重要である。たとえば英米基準の基礎にあるもの、とりわけコモンローにかかわるデファクト・スタンダード（事実上の標準）という視点が重要だ。図式化すれば、機関投資家および投資銀行→アングロサクソン・モデルの伝播→デファクト・スタンダードの国際的浸透→ＩＡＳ（ＩＦＲＳ）などの会計基準の国際化、という構図である。こうした英米基準の基礎にあるもの（端的にはアングロサクソン・モデルの本質）、とりわけその生成変遷の理解なくして、今日起きている会計諸問題のよってたつところはなかなか見えてこない。さらにいえば、こうした株主（投資家）資本主義が資本主義経済の1つのあり方（〝アングロサクソン流金融資本主義〟―石川）にすぎず、したがってその生成変遷の一過程であることをふまえたうえで、今日的会計現象を捉える視点（史的・総体的相対化）が重要になる」（傍点は引用者）。

（『変わる社会、変わる会計』コラム11「アングロサクソン・モデルの伝播」より抜粋）

重要なことは、世界経済の大きなスパンでの構造変化や資本主義経済のあり方が一様でないことを踏まえたうえで、英米型世界標準の史的相対化の視点をもつことです。すでにみてきたように、ＩＦＲＳは単に会計ルールの世界基準というレベルではないのです。

ここで、引用に関して3点だけ触れておきます。第1はそこでの図式化の出発点、すなわち機関投資家、投資銀行という点が重要であり、この点は先に述べた金融セクターが世界経済の主役とする点とかかわります。重要なことは、そこでの報告モデルが全面公正価値会計モデルや概念フレームワークに重要な影響を与えているという点です[11]。

第2はデファクト・スタンダードという点ですが、それが公的機関の定めた標準規格でない点、つまり既成事実として市場を支配する規格であるという点が重要です。先の「言語」でいえば、普遍語（英語）がその意味で言語の世界でのデファクト・スタンダードといえます。

第3に、株主（投資家）資本主義が資本主義経済の1つのあり方であるという点ですが、この点は冒頭での議論、すなわち今なぜ大世界史か（歴史の転換点）にも通じているといえます（補注4）。

▼補注4　歴史の大きな転換点（その2）―あらたな始まり

先の補注1では『日本経済新聞』のシリーズ「震える世界①～⑤」（トッド）を紹介しましたが、ここでは特に「震える世界②」でのEU離脱が歴史の循環のあらたな始まりであるという点、またもう1つのシリーズ「問われる資本主義①～④」（岩井克人）では、その①での米英型資本主義の中核にある「株主主権論」の破綻という点を、それぞれ読まれるとよいでしょう。なお、英米型世界標準の史的相対については、『揺れる現代会計』の2「資本主義の多様性とIFRS」で論じています。

以上、すでに述べたように、資本主義が史的システムならその基盤の上にたつ会計もまた史的システムであり、その全体史から現在の位置を明らかにし、将来の見通しを示すこと、これがとりわけアカデミズムにとって重要な任務といえます。

付記：イギリスのEU離脱とIFRS―地政学とIFRS

イギリスのEU離脱が世界の会計界に与える影響を直接論じている論考があります。田中弘「国際会計基準、消滅の危機」（『金融財政ビジネス』2016年9月15日号）です。そこでは会計界に与える影響を「天地がひっくり返るほどの衝撃が待っている」と論説しています。大胆な見方ですが、IFRS消滅の危機というわけです。

なぜ消滅の危機なのか、IFRS推進派の人には大胆で過激な発言のように聞こえるかと思いますが、その論説の賛否はともかくも、著者は世界史的あるいは地政学的文脈からIFRSの出自とその行方を論じることのできる数少ない会計学者だけに、その根拠や背景に注意しながら一読されるとよいでしょう。

ちなみに、田中教授はこれまでIFRS関連の著作を次々に世に出していますが、そこでは会計の中に終始するのではなく、より大きな観点からIFRSの正体（真相）を明かそうとしています。たとえば、田中弘『国際会計基準はどこへ行くのか』（時事通信社、2010年）という本がありますが、ここに私の書評の一端を抜粋しておきたいと思います。

「本書には、会計以外の書物の引用が随所にでてきて、著者の読書家ぶりがうかがえる。政治化する会計を読み解くには、もはや会計の本の中だけでは見えてこない。『見える力』の源泉はそのあたりにありそうだ。」（『経営財務』２０１０年11月29日号）

会計の中での議論もむろん必要ですが、その背景にある政治、経済、あるいは地理（地政学）、そしてより大きな歴史の文脈でみていくことが、その拠って立つところを明かすという点でいっそう重要になるといえます[12]。そこにこそ、洞察力（見える力）の源泉があるといえます。

注

（１）１９４４年の初版（イギリス）では *The Origins of Our Time* と題して出版されています。なお、ポラニーはポランニーと表記されることが多い。

（２）ウォーラーステイン／川北稔訳『史的システムとしての資本主義』（岩波書店、１９８５年）、そして史的システムとしての会計は『変貌する現代会計』２２３-２２４頁参照。特に「進歩は必然でない」という点が重要といえます。

（３）関連して紹介しておくと、『変わる会計、変わる日本経済』トピック14「秩序ある市場主義をめぐって」では、「市場には心がない」（サムエルソン）を踏まえながら、都留重人やインドの経済学者アマルティア・センの「市場と倫理」に関する議論を行っています。

（４）近年における㋥→㋭については、国際金融規制での会計規制という新たなあり方が登場しています。この点は『変わる会計、変わる日本経済』トピック４「サブプライム問題と会計」（G７、金融安定化フォーラム）、トピック15

「ＩＦＲＳ導入の『日本版ロードマップ案』公表へ」（ダボス会議、金融サミット）など参照。
（5）詳しくは、『揺れる現代会計』１７８頁の補注３「ワシントン・コンセンサスとアカウンティング・コンセンサス」参照。
（6）詳しくは『揺れる現代会計』の13「衣装哲学と会計の本質」参照。
（7）詳しくは『揺れる現代会計』ＰａｒｔⅡの対談Ⅰ「シャム・サンダー教授に聞く」参照。
（8）特に、本当のエリートの姿勢という点が、とりわけ「エリートのナルシズム」との対比において重要なところといえます（同書２２８-２２９頁）。
（9）たとえばフィリピンの言語状況（２４６頁）やインドでの英語教育の問題点（１７８頁）を読まれるとよい。
（10）『変わる会計、変わる日本経済』の４「サブプライム問題と会計」では金融危機と会計の議論をしていますが、そこでの「物象化」の魔術（52-53頁）という点が、ここでの「貨幣」の要素とかかわります。
（11）詳しくは『揺れる現代会計』98頁参照。
（12）ちなみに地政学の重要性、平たくは地理がわかれば経済がわかるということですが、このことを知る１つの参考書として宮路秀作『経済は地理から学べ』（ダイヤモンド社、２０１７年）を紹介しておきます。

（初出『経営財務』平成28年10月17日号）

Ⅳ　制度会計の現代的論点

9　現代会計の焦点
純損益、包括利益、OCI

わが国の会計基準設定機関である企業会計基準委員会（ASBJ）は、2014年7月に「修正国際基準（JMIS）」の公開草案を公表しました。これを契機に賛否両論含め活発な議論がなされていますが、とりわけ重要に思えるのはエンドースメント（国内承認）の拠り所とされる「我が国における会計基準に係る基本的な考え方」であり、それが何であるかです。

本章で取り上げるASBJの論議はその点と深くかかわります。以下では、その論点、特に基礎論的、概念的側面を私見も交えて議論してみたいと思います。

P／L目的とB／S目的の新たな関係―両者の乖離とOCI

これまで、少なくとも国際会計基準が登場するまで、伝統的な会計観はP／L目的すなわち収支を基礎におく適正な期間損益計算のもと、B／Sはその「連結環」、すなわち次期以降のP／Lへの橋渡し、ブリッジ（つなぎ役）という関係にありました。[1] それが、今日のＩＦＲＳに代表される国際会計基準の登場で、Ｂ／Ｓ目的のいわば自立化、さらには優位性という形の変容が現れ、ここにＰ／Ｌ目的との新たな関係が浮上してきます。

それを象徴するのが、第2章、第3章で取り上げた「その他の包括利益」（ＯＣＩ）とリサイクリングの問題にほかならないといえます。逆に言えば、その問題のなかに現代会計がかかえる矛盾の形が見えるわけです。一見複雑に見える今日の会計問題も、そのなかに集約された形で見て取れる。少なくとも私はそう考えています。

この点で、ＡＳＢＪの2つのペーパー、すなわちアジェンダ・ペーパー「純損益／その他の包括利益及び測定」（２０１３年12月）およびショート・ペーパー・シリーズ第1号「ＯＣＩは不要か」（２０１４年5月）には重要な論点が出ています。そこで、以下、前者のペーパーを中心に私の見方や考え方も交えていくつかの論点をみてみたいと思います。

OCI＝「連結環」―伝統型とは逆連携

そのASBJペーパー「純損益／その他の包括利益及び測定」の第1章では、現代の企業会計の3つの基礎概念ともいえる包括利益、純損益、そして「その他の包括利益」（OCI）の定義がなされています。ここが出発点であり、とりわけその3つの関係をどう捉えているか、この点がもっとも重要なところといえます（5項、7項、傍点・傍線は引用者）。

〈3つの定義〉

（1）**包括利益**：純資産を構成する認識された資産及び負債について企業の財政状態の報告の観点から目的適合性のある測定基礎を用いて測定したある期間における純資産の変動額（5項）。

（2）**純損益**：純資産を構成する認識された資産及び負債について企業の財務業績の報告の観点から目的適合性のある測定基礎を用いて測定したある期間における純資産の変動額（5項）。

（3）**OCI**：企業の財政状態の報告の観点から目的適合性のある測定値と企業の財務業績の報告の観点から目的適合性のある測定値が異なる場合に使用される「連結環」（7項）。

図表9-1は3つの定義に即してその関連を示したものですが、ここで留意したい点は、次の①から④へのステップ、すなわち①2つの目的適合性（a）、（b）→②それぞれに適合する測定基礎

図表９－１　２つの目的適合性と測定基礎―OCIの役割―

目的適合性
- （a）財政状態（B／S）の報告→測定基礎ａ→ 包括利益
- （b）財務業績（P／L）の報告→測定基礎ｂ→ 純損益

包括利益と純損益の乖離（不一致）→ OCI

ａ、ｂ→③それぞれに基づく純資産の変動額（包括利益、純損益）→④両者の目的に適合する測定値が異なるときＯＣＩの登場、この一連の筋道です。[2]

逆にみれば、つまり④から①への逆順でみれば、ＯＣＩが２つの目的（ａ）と（ｂ）との乖離・不一致に起因するということであり、ここがもっとも重要なところといえます。ちなみに、目的（ａ）のルート、すなわち財政状態の報告目的からなぜ利益が出てくるか、素朴な問いといえます。

ここで、重要な論点を２つ指摘しておきたいと思います。まず１つはＯＣＩの捉え方（定義）、すなわち２つの目的適合性からでてくる純資産の変動額に乖離がある場合、そのつなぎ役、橋渡し役としてのＯＣＩ、つまり両者をつなぐ「連結環」としての役割です。「連結環」といえば、伝統型でのＰ／ＬとＢ／Ｓの関係を思い浮かべる読者も多いでしょう。第２章でも議論しましたが、そのもとではＰ／Ｌ目的が第一義であり、Ｂ／Ｓはその手段（連結環）という枠内で矛盾は生じません。フロー中心の動的連結観（Ｐ／Ｌ中心型連携）ともいえます。

しかし、同じく「連結環」（つなぎ役）といっても、それが財政状態（Ｂ／Ｓ）の報告目的との乖離に起因するかぎり、むしろ伝統型とは逆の形（Ｂ／Ｓ→Ｐ／Ｌ）が現れています。現代にあっては、Ｂ／Ｓ目的が新たな形で前面に登場し、Ｂ／Ｓの相対的自立化という変容のもと、P／LとB／Sの関係の逆転化が生じているわけです（ストック中心観の台頭、確立）。ここにも、第1章での異質な2つの中心が、P／L中心型連携（動的連携）とB／S中心型連携（静的連携）という異なる2つの連携の形で現れているといえます(3)。

そして、その背景に何があるか、ここが重要になります。すなわち、冒頭でも述べましたが、B／Sの自立化・優位性への道筋を図式的に示せば、㋑伝統型連結環としてのB／S→㋺現代的な意味でのB／S能力（財務実態・リスクの情報開示）の欠如→㋩現代の投資家（リスク資本提供者）の要請に不適合（有効・有用でない）→㊁B／Sの相対的自立化とその優位性、という現代的変容の道筋があります。肝要なことは、現実の会計がなぜそうした形をみせているか、その基礎にさかのぼった理解の仕方です。

さらに財政状態の報告（B／S）が財務業績の報告（P／L）に対して相対的に優位性を強めてくるとどうなるか(4)。その逆連携の形はいっそう顕著となり、つなぎ役、橋渡し役としてのOCIの必要性はますます増大するといえます。

純損益と包括利益はタイミングの相違か―利益の同質・非同質観

次に、指摘したい論点のもう1つは、純損益と包括利益は本質的に時期（タイミング）の相違とする点です（先のASBJペーパーの15項）。それゆえに、全期間を通せば純損益の累計額＝包括利益の累計額となり、さらにそれは正味キャッシュ・フローの累計額にも等しくなるとする点です（31項）。

伝統型になじんでいる読者なら、いわゆる「一致の原則」、すなわち期間利益の合計＝全体利益＝全体収支を想起されるかもしれません。しかし、後述するように、その基礎において必ずしも「一致の原則」と同じとはいえません。なお、この3つの等式関係が成立するには、ＡＳＢＪが主張するように、すべてのＯＣＩ項目に関するリサイクリングが必要になります。

さて、両者はたんなるタイミングの相違に帰着されるのでしょうか。これがここでの論点になります。この点は何もＯＣＩだけに限りません。かつて私は相場変動に起因する利得・損失が純利益のなかに入ってくるようになると、それが（あらたな意味での）「実現」利益であったとしても、これまでのつまり伝統型での実現利益と同質なものかどうか（利益の同質観・非同質観）、この点を問いました(5)。

タイミングの相違とする点はとりもなおさず同質観に立つといえますが、同質観ゆえにタイミングだけのいわば量的相違にすぎず、その相違はリサイクリングでもって解消する(6)。そういう見方といえます。

これに対し異質観では、測定基礎（属性）の相違というレベルではなく、後述しますが、むしろその相違を生み出しているシステムの方に目を向けています。第1章でみたように、その中心を異にする2つのシステム（系）の共存、すなわち伝統型と現代型の枠組のハイブリッド（異種併存）という見方です（第1章図表1-1参照）。会計枠組は1つかと問うたゆえんですが、1つでないなら、異なるシステムから出てくる利益も、「認識の『タイミング』の違いだけに帰着し得ない、利益の質的な問題の検討が必要であるように思える」（『変貌する現代会計』85頁）というわけです。

起点は資産・負債（ストック）の測定基礎―収益・費用に測定基礎はないのか

ここで確認しておくべきことは、先の3つの定義および図表9-1にも示されているように、包括利益はむろんですが、純損益もまた純資産の変動に基づいて決定されるとする点であり、この点が先に述べた利益の同質観およびタイミングの相違にすぎないという点にもつながります。特に「両者とも純資産の変動に基づいて体系的に決定される」（ASBJペーパーの15項、傍点は引用者）とする点は注意したいところです。体系的に決定→両者は時期の相違→リサイクリング（同46項）、という論理（つながり）です。

重要なことは、2つの目的、すなわちB／S目的とP／L目的との乖離・不一致に起因する測定基礎の相違は、あくまで資産・負債の測定であるとする点です。まさにストック中心観にほかなりません。となると、収益・費用はどういう位置になるのか、そこに測定基礎はないのか。これがここでまた1つの重要な論点になります。少なくとも伝統型の会計観からすれば、その測定基礎は収支とその配分であり、資産・負債はむしろその結果としてでてきます。先の伝統型での「全体利益＝全体収支」（ベースに収支計算の枠）もそこに起因します。

しかし、ＡＳＢＪのペーパーには収益・費用（フロー）→資産・負債（ストック）という会計思考が表立ってでてきません。先にみたように財務業績（Ｐ／Ｌ）の観点からの測定基礎もまた資産・負債ベースなのです。端的に、フローとストックの関係が伝統型とは逆であり、この点は伝統型の１つの典型である引当金や減価償却、そして「実現」概念にかかわる収益認識にも、その現代的なあり方（変容の形）として具体的に現れています。

なお、その点は第3章での引当金にかかわる退職給付会計、そして減価償却にかかわる退資産除去債務の議論でみたとおりです。ここで収益認識について少し触れておくと、日本でもＩＦＲＳの基準（第15号）を踏まえた「収益認識基準」（２０１８年3月）が公表されていますが、そこにも現代型の中心にある資産・負債ベースがみられます。それは伝統型の「実現」の拡張でも、あるいはその再解釈（リスクからの解放：あとの補注１）でもなく、そこから大きく乖離しているとみることができるでしょう。

異なる2つの枠組の対照比較―会計枠組のハイブリッド構造

ここで、先に述べた会計枠組のハイブリッド構造に触れておくと、原価か時価かといった測定基

図表9－2　2つの枠組（系）の対照比較―会計枠組のハイブリッド構造―

特徴軸＼枠組	①ストック／フローの関係	②計算の基点	③会計枠組の思考	④将来収支の確定性	⑤資産・負債の評価	⑥簿価決定のあり方	⑦利益決定のあり方
系Ⅰ（伝統型）	フロー志向（フロー→ストック）	当初認識時	配分	確定的（固定的）	原価・償却原価	連続・フロー配分型	フローの配分計算
系Ⅱ（現代型）	ストック志向（ストック→フロー）	特定時点	価値評価（直接的再測定）	不確定（変動的）	時価（公正価値）	非連続・ストック評価型	ストックの価値評価差額

（『変貌する現代会計』103頁図表6－1より）

礎（属性）の相違は、図表9-2の⑤に示しているように、2つの共存システム（系）という観点からすれば、異なるシステムから出てくる1つの特徴軸の相違にすぎません（2つの系は第1章での図表1-1参照）。ここは強調されるべき点です。そして、注意すべきは、その7つの特徴軸がほかならぬ異質な2つの中心の特徴を具体的に示すものになっているということです。

重要なことは、それぞれ2つの系の特徴軸①→②→③→④⇒⑤の一連の規定関係をみることであり、系Ⅰ（伝統型）での⑤原価・償却原価という測定基礎は、①→②→③→④の規定を受けているという点です。系Ⅱ（現代型）での⑤時価（公正価値）もまたしかりです。原価か時価かという⑤の局面だけをみていては、その全体が見えてこないのです。この点は、第2章（補注4）でも強調したところです。

そして、⑦の利益決定のあり方の相違を見れば、それは先の利益の同質観・非同質観ともかかわってきます。つまり、こうした見方からすれば、先の単なるタイミングの相違か、あるいは利益の質的相違を問うこと（利益の異質観）はけっして的外れとはいえない、ということになります。

損益法はどこに―その位置と日本版概念フレームワーク

先に伝統型での収益・費用の測定基礎に触れ、伝統的な会計思考（フロー→ストック）が表立ってでてこないことをみました。そのことは財務諸表の構成要素に関するＡＳＢＪの考え方にも現れています。伝統型に慣れ親しんでいるものにとっては、そこには素朴な疑問もあるかと思います。すなわち、「純損益、包括利益及びＯＣＩが構成要素であり財務諸表に表示されるのであれば、必ずしも収益と費用を財務諸表の構成要素として扱う必要はない」（ＡＳＢＪペーパーの9項脚注1）と記されています。となると、まさに損益法はどこに、と問いたくなるわけです。

少し理論的なことになりますが、かつて私は資産負債中心観を勘定理論あるいは会計構造論の見地からみたとき、それが資本等式（資産－負債＝資本）の構造をもち（純財産説）、そのもとでは収益・費用は純資産の変動のコンポーネント（内訳要素）という位置づけになることをみました。ちなみに、この点は簿記論的には、実体（real）勘定の名目（nominal）勘定に対する優位性・先行性といえます(7)。

ひるがえって、日本の概念フレームワークではどうでしょうか。そこでは、純利益を重視する立場から、収益費用中心観との融合の仕掛けがなされています。そして、そこでの純利益は損益法の見地に立っており、純資産の変動額とするＡＳＢＪのペーパーと明らかに異なるといえます（補注1）。

▼補注1　日本版概念フレームワークと「リスクからの解放」

2つの利益観の融合の形（2つが併存する二層構造）は『変貌する現代会計』で説明していますが（144頁図表8-1）、注意したいのは、そこで示していますが、2つの利益観の矢印の逆関係（ねじれ）、およびP／L側のOCIとB／S側のONA（その他の純資産）との対応関係です。

ここで、純損益の特徴を規定する2つの概念の1つである「不可逆的な成果」（ASBJのペーパー18項）という点に触れておくと、それは日本版概念フレームワークでの「リスクからの解放」に通じます。ただ、「リスクからの解放」が金融投資を含む「実現」概念の再解釈であるかぎり、ＡＳＢＪのペーパーでの純資産の変動と整合するかが問われます（特に実物商品での「実現」概念との整合性）。少なくとも伝統的な実現概念は損益法の見地に立っているからです[8]。

さらにいえば、このＡＳＢＪペーパーの目的が国際会計基準審議会（ＩＡＳＢ）の改訂概念フレームワークの開発に貢献することにあるなら（同3項）、なおさら日本版概念フレームワークとのすり合わせが必要だと思われます。とりわけ、その基本構造において重要な相違があるかぎり、ＩＦ

ＲＳの個別基準のエンドースメント作業（修正国際基準）も、それを基礎から律する概念フレームワークに照らして比較検討される必要があるように思われます。冒頭で「我が国における会計基準に係る基本的な考え方」が何であるか、と問うたゆえんです。

ＡＳＢＪが討議資料「財務会計の概念フレームワーク」（２００４年、２００６年改訂）を公表して15年余りが経ちましたが、この間、当時の各地でのシンポジウムなど熱っぽい論議もさめた感があります。しかし、ここにきて今日的文脈のもと、その意義と役割が新たな意味合いを帯びて再浮上してくる。少なくともその必要があるといえるでしょう。

本章でみたように、個々の会計基準に先立つ、そしてそれを基礎づける基礎論的・概念的議論が重要といえるからです。そして、そこにこそアカデミズムの本来的な役割があるといえます。この点は次章で述べたいと思います。

注

(1) その典型は動態論的資産観、すなわち未償却（未配分）残高としての資産（将来費用のかたまり）という見方です。あとの第11章での近代会計の基礎（図表11-4）を参照。

(2) ここで測定基礎とは、たとえば測定基礎ａ＝時価、測定基礎ｂ＝原価、などを想定すればよい。

(3) 伝統型の連結環（動的連携：フロー→ストック）と対比した現代型Ｂ／Ｓの変容の形（静的連携：ストック→フロー）は『揺れる現代会計』54頁図表7-2参照。

（4）それを象徴するのが、「情報開示が利益を生むか」という素朴な問いかけです。『変貌する現代会計』125頁。
（5）斎藤静樹編著『会計基準の基礎概念』（中央経済社、2002年）所収の拙稿「利益の概念と情報価値」（421-422頁）参照。
（6）OCI／リサイクリングを別の観点（リサイクルしない考え方）から相対化する議論も必要です。『揺れる現代会計』9「OCIの諸相」参照。
（7）その“real”accountという名称はむしろ今日的特徴を象徴しており、いわば静態論的思考の今日的文脈での“復活”ともいえます。『複式簿記のサイエンス』コラム1「実体勘定と名目勘定―“real”accountの現代性」参照。
（8）「リスクからの解放」は『変貌する現代会計』（146-150頁）、日本版概念フレームワークとOCIは『揺れる現代会計』（75-77頁）で論じています。

（初出『経営財務』平成27年2月2日号）

10 概念フレームワークの中心課題
プロフェッションとアカデミズム

現代会計がかかえる問題を見ていると、現代的文脈のもとで、古典的な論点が垣間見えることがあります。古典が顧みられない今日、古典の眼を通して見ると、現代会計の諸問題がまた別の形で見えてくるといえます。プロフェッションがかかえる現代的課題を古典から読み解くのもアカデミズムの1つの役割であり、またその力が発揮されるところといえるでしょう。

そこで、本章では会計基準の「憲法」ともいわれる概念フレームワークの中心課題が何であるかについて、以下、（Ⅰ）プロフェッションと（Ⅱ）アカデミズムのそれぞれの役割、とりわけ両者の対比を意識しながら論を進めてみたいと思います。

（Ⅰ）ＡＳＢＪからの意見発信—プロフェッション

ＡＳＢＪからの意見発信—改訂概念フレームワーク（ＩＡＳＢ）への予備的見解

前章でみたように、わが国の会計基準設定機関（ＡＳＢＪ）から国際会計基準審議会（ＩＡＳＢ）

に対する意見発信が活発になされていますが、特にＩＡＳＢの改訂概念フレームワークに対する意見発信には重要な論点がでています。

また、ＡＳＢＪは公開草案「修正国際基準（ＪＭＩＳ）」（２０１４年７月）を公表しましたが、そこでの重要な論点はエンドースメント（国内承認）の拠り所とされる「我が国における会計基準に係る基本的な考え方」であり、それが何であるかです。ＡＳＢＪの２つのペーパー、すなわちアジェンダ・ペーパー「純損益／その他の包括利益及び測定」およびショート・ペーパー・シリーズ第１号「ＯＣＩは不要か」はその点と深く関わります。前章では、私見も交えて、特に基礎論的・概念的側面を中心に議論しました。

さらに、その後「会計基準の設定における『企業の事業活動の性質』の役割」（２０１５年３月）および「測定基礎の識別、記述及び分類」（２０１５年３月）が公表されましたが、そこには改訂概念フレーム（ＩＡＳＢ）への予備的な見解とはいえ重要な論点がでています。

そこで、これまでの議論も踏まえて、本章では前者のペーパー、特にそこでの「企業の事業活動の性質」を中心に、私の問題意識を交えて議論してみたいと思います。

業績報告と事業活動の性質―全体の位置関係

まず「事業活動の性質」の全体での位置を確認しておく必要があります。ここが出発点です。前

図表10－1　異なる目的適合性、異なる測定基―全体の位置関係―

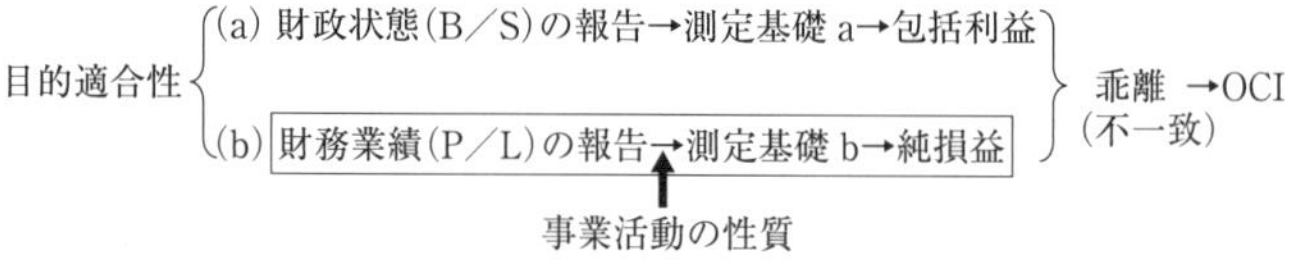

章の図表9-1でもって、その位置を示しておきます（図表10-1）。

前章でも議論しましたが、ここで要約しておくと、図表10-1で注意すべき点が3つあります。すなわち、第1に今日の会計が2つの目的（a）、（b）をもっていること、つまり利益計算（b）だけでないこと、第2に測定基礎がその目的適合性の観点から導かれること（異なる目的適合性→異なる測定基礎）、第3に2つの利益（純利益と包括利益）とその調整役（連結環）としてのOCI（その他の包括利益）が2つの異なる目的適合性に起因すること、この3点です。

ここで第1の点に少し触れておくと、動態論思考に根ざす伝統的会計（P／L中心思考、収益費用中心思考）では連結環としてのB／SはP／Lに従属します。すなわちP／L→B／Sという規定関係にあります。その点で、つまりそのむすびつきにおいて、両者に矛盾はないといえます。しかし、現代の会計にあってはB／Sのいわば自立化により、目的（a）と目的（b）とのコンフリクト（矛盾）が生じてきます。OCIはまさに両者のギャップの調整役を担っているわけです。

要約すれば、B／Sの自立化による動態論的思考の後退化、P／L目的とB／S目的の新たな関係（逆規定性）、そしてそれを受けた両者の乖離とその調整役としてのOCIです。

さて、今回のASBJペーパーでの「事業活動の性質」ですが、それは図表10-1の四角枠で示しているように、目的（b）に直接かかわります。すなわち、財務業績の報告（b）→「事業活動の性質」→測定基礎b→純損益、という位置にあります。重要なのは、事業活動の性質が純損益に直接かかわること、さらにはそのことが、もう1つ別の目的（a）とリンクしている包括利益との相違、ひいてはOCIの決定に波及的な影響を及ぼす、ということです。この点は次章でも触れます。

ここで重要と思われるのは、第1に企業の事業活動の性質が異なれば、それに応じて、測定基礎の相違を通して純損益の計算のあり方の相違につながること、第2にその一連の関係が利益計算の首尾一貫性、ひいては会計基準の整合性につながる、ということです。

その点で、全体整合性にかかわる概念フレームワークのなかに、この事業活動の性質を織り込むことがきわめて重要になってきます。それこそが、今回のASBJペーパーの主張であり、IASBの改訂概念フレームワークに対する日本からの意見発信にほかならないといえます。

事業活動の性質とは──事業モデルの捉え方

では、そもそも企業の事業活動の性質とは何か、なぜ必要なのか。この点をみておきたいと思います。

事業活動ないし事業モデルとは、平たく言えば、企業がどのような事業でもって利益（儲け）をだすかということです。それが表立って議論になってきたのは、グローバル競争下での事業モデル（儲け方）の複雑化、高度化に起因するといえますが、とりわけそれは金融ビジネス（金融でどう儲けるか）についていえます(1)。

そして、事業活動の「性質」を問うのは、その儲け方が事業活動によって異なるということ、そしてそれが具体的な会計基準（ここでは純損益を決める会計ルール）を規定するということです。この点は、何を期待した投資か、その投資のあり方（儲け方）の相違から成果の捉え方を説明する日本版概念フレームワークの考え方にも通じます。

そこで、事業活動の「性質」（nature）というとき、その nature をどう捉えるか、これが先の一連の規定関係を通して純損益の捉え方を規定することになります。繰り返せば、先の図表10-1の四角枠に示していますが、財務業績の報告➡「事業活動の性質」➡測定基礎➡純損益、つまり目的（b）のルートです。

この点で、ASBJ「会計基準の設定における『企業の事業活動の性質』の役割」（以下、ASBJペーパーとよぶ）では、ASAF会議での4つの「事業モデル」を紹介していますが（①EFRAG、②ASBJ、③Linsmeier 博士、④英国FRC）、ここではあとの議論とのかかわりで、特に英国F

RC（Financial Reporting Council）のペーパーを取り上げたいと思います。すなわち、FRCのペーパー「収益と費用の報告及び測定基礎の選択」は、事業モデルを次の2つに区分しています（傍点は引用者）。ここで、あとの議論のために、そのタイトルにある「収益と費用」という点に留意しておきたいと思います。

（a）「**付加価値**」事業：企業は、供給者及び従業員からのインプットを獲得し、何らかの種類のプロセスの後に通常は財及びサービスを顧客（収益は彼らから得られる）に提供するために当該インプットを使用する（例えば、小売業者、製造業者、サービス提供者、商業銀行により使用されるもの）。

（b）「**価格変動**」事業：企業は、価値の変動から生じる利得から便益を得るために、資産（及び負債である場合がある）を取得する（例えば、コモディティ・ディーラー、投資ファンド、いくつかの他の金融活動により使用されるもの）。

ここで、注目したいのは、事業モデルが大きく「付加価値」事業（“value-added” businesses）と「価格変動」事業（“price change” businesses）に2区分されている点です。これが先に示唆した点、すなわちnatureをどう捉えるかという点で、すぐあとの議論とかかわってきます。

そして、この2つの区分が、資産分類を介して測的基礎の相違につながってきます。㋑事業活動

図表10－2　事業モデルと測定基礎―英国FRCペーパー―

	異なる事業モデル	異なる測定基礎
(a)	付加価値事業	原価ベース
(b)	価格変動事業	現在市場価格

の性質↓㋺資産分類↓㋩測定基礎です。さらには、先に述べたように、その一連の関係が概念フレームワークのなかに織り込まれる。すなわち、㋑↓㋺↓㋩⇓「概念フレームワーク」↓会計基準、この一連の筋道です。

注意したいのは、最終的に会計基準の全体整合性に結びつくということです。これが先にも述べましたが、日本（ＡＳＢＪ）からのＩＡＳＢに対する意見発信にほかなりません。

異なる事業モデル、異なる測定基礎

そこで、ＡＳＢＪペーパーは「ＦＲＣのペーパーは、異なる事業モデルの中で保有される資産及び負債に異なる測定基礎を適用することを提案した」と述べたあと、「特に、当該ペーパーでは、原価を基礎とした測定基礎は一般的に、付加価値事業の中の資産及び負債に適用すべきであり、現在市場価格は一般的に、価格変動事業の業績を評価するために価格変動事業における資産及び負債について使用すべきであると説明している」（以上52項、傍点・傍線は引用者）と記しています（補注1）。ここが重要なところです。図表10-2としてまとめておきましょう。[2]

▼**補注1　収益・費用の位置—損益法はどこに**

ここで注意したいのは、引用に示されているように、測定基礎が資産・負債に適用されていることです。起点が資産・負債（ストック）の測定基礎となれば、収益・費用はどういう位置になるのか、そこに測定基礎（収支）はないのか。前章では、まさにその点を受けて「損益法はどこに」という問いかけを行ったわけです。

かつて私は、ここでいうところの事業活動の性質を企業資本の観点から論じましたが、特にその性質（nature）を経済学的に資本運動の相違として捉え、それが測的基礎（測定規約）の相違とどう結びつくかを議論しました（『時価会計の基本問題』第1章、第7章、第11章）。

次の（Ⅱ）では、そこでのいわば古典経済学的な捉え方、端的には、企業「資本」→企業「会計」、という捉え方を紹介しますが（資本→会計、この規定関係に注意）、読者にはそれが古びた過去の理論なのかどうか、とりわけここでの文脈において判断していただきたいと思います。

図表10－3　企業資本からみた事業モデル―2つの異なる資本運動―

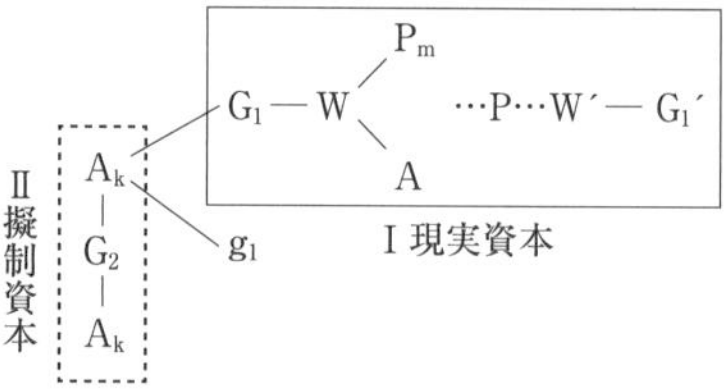

（『時価会計の基本問題』180頁図表7.1より）

（Ⅱ）事業モデルと企業資本―アカデミズム

事業モデルと企業資本―古典経済学の観点から

英国FRCの「付加価値」事業と「価格変動」事業の2分類は、端的にいって、経済学的には現実資本の運動（価値生産）と有価証券に代表される擬制資本の運動（価格変動）との相違に通じます。（図表10-3、g_1＝創業者利得、G＝貨幣、W＝商品、P_m＝生産手段、A＝労働力、P＝仕掛品、W′＝製品）。

ここで2つの資本運動の区別について詳しく触れる余裕はありませんが、大まかにいえば、現実資本の運動とは財・サービスの価値生産活動（実物投資活動）、これに対し擬制資本の運動とは株式・債券など有価証券への投資活動（金融投資活動）です。

重要な点は、株式（A_k）に代表される擬制資本の運動（G－A_k－G′）が現実資本の運動（G－W－G′）の「外」にあって、それとはまったく異なったそれ「独自」の運動であるという点です（図表10-3）。

さらに、会計学的には現実資本の運動は伝統的な原価・実現主義に基づく費用収益対応によって認識測定されますが、擬制資本の運動はそうした対応原則ではなく、単なる価格差として認識測定されるという点です。その点で、この資本運動の相違は、ほかならぬ第1章での異なる2つの中心の経済的基礎の相違とみることができます（補注2）。

▼補注2　会計思考と経済的基礎―根と土壌

第1章では、「樹木のたとえ」でもって、会計基準（枝葉）、会計原則（幹）、会計思考（根）、そして経済層（根が張る地層）の4層構造を示しました（図表1-2）。

そこで注意されたいのは、現代会計の全体像が種を大きく異にする2つの大樹（伝統型と現代型）の並立と交錯の形として描かれている点とともに、ここでの事業モデルがまさに図表1-2に示されている最下層の地層（土壌）の相違にほかならないという点です。会計思考という根っこが張る地層（根と土壌の関係）、つまり会計のベースにある経済という土壌の相違、そしてそれに根ざした会計思考の相違という視点が重要といえます。

この2つの資本運動の区別は英国FRCのペーパーとは大きく2区分する点で共通しますが、その分類区分での nature の捉え方には大きな相違があるといえます。先にみた経済学的意味での nature の相違にほかなりません。逆にいえば、「付加価値」事業に対して「価格変動」事業というとき、前者との対比においてその経済学的相違が必ずしも明らかでないのです。

特に、先に述べた現実資本の運動の「外」という見方（その異質性）、ここが重要なのです。この点は、次の章でも述べますが、伝統枠での資産分類と測定基礎の議論にもでてきます。

企業資本という経済学的観点の意義―過去の古びた理論か

ここで、少し専門的な議論になりますが、企業資本という経済学的な観点のもつ意義に少し触れておきたいと思います。それは、まずもって、経済学上の「資本」の本質（nature）から現実を捉えるという点にあります(3)。

このことは、経済学の専門的用語になりますが、例えば「価格形成」という点からみれば、現実資本の運動（価値移転・回転する運動）での「費用価格」に対し、擬制資本の運動ではそれとは全く異質のもの（価値移転しない運動、株式など価値を生産しない商品）となります(4)。先に述べたように、伝統的な原価主義会計の本来的な補足対象はまさに前者の資本運動といえますが、この点は英国FRCペーパーでの「付加価値事業―原価ベース」（先の図表10-2）にも通じています。

さらにそれは、資本の動態変化という点で、現代の企業会計を歴史のなかで捉える重要な視点にもなります。まさに第8章でのテーマでしたが、史的相対化の視点です。たとえば商業資本（商業利潤）、産業資本（産業利潤）、貸付資本（利子）、擬制資本（利回り）など（括弧内は各資本がとる利潤

図表10－4　資本運動と測定基礎―異なる資本運動、異なる測定基礎―

（ⅰ）資本運動Ⅰ→評価原則Ⅰ（原価・実現主義）→資産Ⅰの評価（原価）
（ⅱ）資本運動Ⅱ→評価原則Ⅱ（××主義）　　　→資産Ⅱの評価（時価）

（『時価会計の基本問題』15頁より）

の形態）、これまで資本主義経済には、あたかも生物の進化のように異なる資本がその姿・形（形態）を変えて、それぞれの時代の主役として登場してきたといえます。簿記会計の歴史も、（前史もふくめ）資本主義の発展変化とともに歩んできたわけです。(5)

現実の会計基準設定つまり会計制度にかかわるＡＳＢＪの論議のなかに、そうした経済学的観点を求めるのは筋違いかもしれませんが、アカデミズムの側からは現実の制度設計を相対化するという点でたいへん重要な役割、意義があるといえます。ともかくも、Ｇ－Ｗ－Ｇ′（資本運動公式）がでてくると、とかく古びた過去の理論だと見られがちですが、それはけっして色あせてはいないといえます。そのことは、英国ＦＲＣペーパーなど、ここでの議論からも読み取れると思います。

異なる資本運動、異なる測定基礎

さて次は、２つの異なる資本運動と測定基礎との関係です。この点も、『時価会計の基本問題』での１つの重要な問題意識でありました。

ここでは、図表10-4を示しておきます。資本運動Ⅰが図表10-3での現実資本の運動、そして資本運動Ⅱが同じく擬制資本の運動です。

図表10‐4で注意したいのは、（i）と（ii）のそれぞれの矢印で示されている関係です。ここが重要なところで、それが私の問題意識にほかなりません。ここで、先の図表10‐3（企業資本の運動）を介して、図表10‐4と図表10‐2（英国FRCペーパー）とを対比していただければと思います。こうして、①事業活動の性質の相違をどう捉えるかは、その相違が②資産分類とそれを受けた③測定基礎の相違へとつながってきます。

そこで、ASBJペーパーの現代的文脈での議論（IASBへの意見発信）を相対化するために、それとはまた異なる別の観点から、すなわち伝統的な制度会計での捉え方、それは収支の枠組み（収支的期間損益計算）のなかでの資産分類と測定基礎ですが、そこにどのような異なる事業活動の性質をみているか、この点をあらためてみておく必要があるといえます。これが次章のテーマになります。

注

（1）その1つの例として証券化商品とそれにかかわる金融商品会計があげられよう。『変わる会計、変わる日本経済』4「サブプライム問題と会計」、会計規制の側からは「SECからの手紙」（同書48頁）など参照。

（2）ここで注意したいのは、異なる測定基礎が前章での異なる2つの目的適合性ではなく、あくまで財務業績の報告目的（b）のなかで議論されていることです。

（3）経済学上の「資本」の概念と会計の捉え方との関係は『基礎学問としての会計学』第5章補足5（105頁）参

照。

（4）擬制資本の異質性、架空性は『揺れる現代会計』15「社会科学としての現代会計論」参照。

（5）「資本」の動態変化と、そこから捉えた現代会計の史的位置は、『揺れる現代会計』90頁図表11-1参照。

（初出『経営財務』平成27年10月19日号）

11 伝統枠からの論点
収支の枠組と資産分類・測定基礎

本章では、先の第9章および第10章での議論に続き、さらに伝統的な会計枠組みからそこでの議論を相対化してみたいと思います。

特に、伝統的な会計枠組みでは、異なる「事業活動の性質」をどのように捉えているか、そしてそれが資産分類と測定基礎にどうつながっているか、この点を議論したいと思います。

伝統枠からの相対化

前章でみたように、企業の「事業活動の性質」の相違をどう捉えるかは、その相違が資産分類とそれを受けた測定基礎の相違へとつながるだけに、きわめて重要といえます。そこで、まずもってＡＳＢＪでの議論とは異なる別の観点から、すなわち「企業会計原則」を中核に置く伝統的な会計枠組みでは、異なる事業活動の性質をどのように捉えているか、そしてそれが資産分類と測定基礎にどうつながっているか、この点をあらためてみておきたいと思います。

なぜなら、それが現代会計の変容を見る1つの重要なベンチマーク（対照枠）になるからです(1)。

図表11－1　収支の枠と資産分類・測定基礎―伝統型―

資産分類
- （ⅰ）収入を基礎
  - 過去収入 ―――― 現金・預金
  - 将来収入 ―――― 債権
- （ⅱ）支出を基礎
  - 原価配分が適用（費用性資産） ―― 営業内循環過程（棚卸資産・固定資産など）
  - 原価配分の適用外 ―― 外部投資

（『時価会計の基本問題』264頁図表10.1を簡略化）


特に、伝統型の中心（コア）にあるものが何か、これをしっかり押さえておくことが変容の見方にとって肝要なところです（第1章参照）。

そして、ＡＳＢＪペーパーの現代的文脈、すなわちＩＡＳＢへの意見発信という文脈での議論を、その伝統的な枠組みの観点から見ると、ＡＳＢＪの論点もまた別の形で見えてくるといえます。

収支の枠組と資産分類・測定基礎―変容のベンチマーク

『時価会計の基本問題』の第1章第2節「資産分類と測定基礎」では、その節のタイトルが示すように、ここでの議論とまさに重なりますが、実は大きな相違があります。これまでも論じてきましたが、伝統的会計がその基礎におく収支の枠組み、つまり収支的期間損益計算の枠組です（図表11-1）。

重要な点は、第1に資産が大きくは2分類、すなわち収入と支出をそれぞれ基礎にする資産に分類されること（これが収支計算の枠組の意味）、第2に後者の支出を基礎にする資産範疇がさらに原価配分が適用される資産（費用性資産）とそうでない資産に分類されること、その点で全体

図表11－2　企業の事業活動の性質―3つの捉え方―

伝統枠の観点（収支の枠）		英国 FRC		経済学の観点（企業資本）
(a) 営業循環過程の内	―	(a) 付加価値事業	―	(a) 現実資本の運動（実物投資活動）
(b) 営業循環過程の外	―	(b) 価格変動事業	―	(b) 擬制資本の運動（金融投資活動）

として資産は3分類になるということです。

そして第3に、そのいわば第3の資産カテゴリー、すなわち貨幣資産でもなければ費用性資産でもない第3の資産カテゴリーが、まずもって今日の時価会計とかかわります。図表11-1では、それを外部投資と規定していますが、同じ投資であっても経営内営業循環過程に入ってこない項目、つまりその外に投資された項目であること、それゆえに経営内営業循環過程に投入される費用性資産と明確に区分されるということです。ここが重要なところです。

この循環過程の「内」と「外」との相違は、前章でみた英国FRCでの2つの事業モデル（付加価値事業と価格変動事業）とも、さらに経済学的には資本運動の相違（現実資本の運動と擬制資本の運動）にも通じます。こうして事業活動の性質というとき、その3つの捉え方の対応を示せば図表11-2のようになります。

先に述べた第1の点、すなわち「収支の枠」（収支的期間損益計算）という点は、第5章でもみたように、別の見方をすれば「収支の制約」ということでもあります。すなわち先の図表11-1のそれぞれ上側が（i）収入、下側が（ii）支出の制約といえます。この点からみれば、現代の会計においては、その「制約」が取り払われ（そこからの離脱・脱却）、それとは異質なものに変容しているといえます。

この点は「収支の制約」と損益法として後で述べます。

さて、その制約からの脱却のいわば典型的な現れが、第3の点として述べた外部投資資産にほかならないといえます（全体での位置は先の図表11-1参照）。実際、今日の時価会計の出発点は、この経営内循環過程の外に位置する外部投資活動とかかわって登場してきたといえます。注意したいのは、その位置にある資産には、そもそも原価配分が適用されない（適用外）という点です。(2)

事業活動の性質と資産分類・測定基礎—ASBJペーパー

そこで、次にASBJでの測定基礎の議論を再度みておきます。すなわち、前章で取り上げたASBJのペーパー「会計基準の設定における『企業の事業活動の性質』の役割」では事業活動の性質の区分をどう捉え、それが資産分類と測定基礎の相違にどう結びついているか。これまでの議論を踏まえてここであらためてみておきたいと思います。

まず、その起点となる企業の事業活動の性質ですが、大きく2区分しています（同ペーパー20項）。すなわち、（i）価格変動を収入源とする事業活動、（ii）他の種類の事業活動である。そして、その相違が測定基礎の相違につながります（図表11-3参照）。

ここで、前章での図表10-2（英国FRCでの事業モデルと測定基礎）と図表10-4（企業資本の運動と測定基礎）、そして本章での図表11-3（ASBJの事業活動の性質と測定基礎）、この3つの図表を見比

図表11－3　事業活動の性質と測定基礎の更新（再測定）

事業活動の性質		測定基礎
（ⅰ）価格変動を収入源	→	期末に更新すべき
（ⅱ）他の種類	→	更新すべきでない

べてください。いずれも、事業活動の性質の相違が、それぞれの事業目的で保有される資産および負債の測定基礎の相違に結びついていることがわかります。

ただ注意すべきは、図表11-3では測定基礎の更新（期末に更新すべき、update）を先に規定するためか、（ⅰ）の価格変動事業の方が2区分の基軸になっている点です。そのことは、（ⅱ）が「他の種類」となっていることからもわかります。ちなみに、（ⅱ）は将来キャッシュ・インフローを生み出すためのインプットとしての資産又は資産グループと記しているので（同22項）、その中心には付加価値事業があるといえます（先の図表11-2を参照）。

現代の企業会計にあっては、資産・負債の価格変動の影響を純損益に反映すべきかどうか、つまりここでいう測定基礎を期末に更新（再測定）すべきかどうか、これが要の論点になります。そして、前章でも少し触れましたが、それは同時にOCIの決定、つまり資産・負債の価格変動で純損益を構成しないもの、ここにもつながります。

そのように解釈すると、（ⅰ）の価格変動事業の方を2区分の基軸にしているのもうなずける思いもします（初出稿巻末資料の図表5の区分Ⅰ参照―本章では割愛）。ただ、議論の出発点（事業活動の性質）からすれば、図表11-2の（a）付加価値事業の方がむしろ基軸（主軸）といえるのではないか。私にはそう思われます。

「収支の制約」と損益法―近代会計の基礎とその崩壊

先に、現代の企業会計にあっては資産・負債の価格変動の影響を純損益に反映すべきかどうかが要の論点だと述べました。注意すべきは、図表11-3の（ii）の事業活動も含めて、測定基礎の議論はすべて資産・負債であり、そこに収益・費用はでてきていません。ところが、前章でも述べましたが、ASBJが参照している英国FRCのペーパーのタイトルは、いみじくも「収益と費用の報告及び測定基礎の選択」となっています。

私はそこにひとつの〝矛盾〟をみますが、起点が資産・負債（ストック）の測定基礎となると、収益・費用はどういう位置になるのか、そこに測定基礎はないのか。第9章では、その点を受けて「損益法はどこに」（その位置）という問いかけを行いましたが、この点はとりわけ（ii）の事業活動（付加価値事業）にいえることです。つまり、そこでの価値創造の過程にはほかならぬ損益計算アプローチが適合するということです。[3] ここでは、先の「収支の枠」と密接にかかわっている損益法について触れておきたいと思います。

先の図表11-1においては、支出を基礎にする資産範疇がさらに原価配分が適用される資産（費用性資産）と、そうでない資産に分類されることをみました。前者の支出を基礎におく（費用性）資

図表11－4　収支の枠と損益法／資産・負債―近代会計の基礎―

㋑過去支出	→	㋺費用配分（減価償却）	→	㋩未配分の将来費用（資産）
㋑将来支出	→	㋺費用配分（引当金繰入）	→	㋩既配分の過去費用（負債）

産および（費用性）負債の典型は、周知のとおり減価償却（資産）と引当金（負債）です。いずれも、過去支出（資産）と将来支出（負債）の相違はありますが、費用配分の論理になんらかかわりはなく、同一です（繰延配分と引当配分、図表11‐4）。

図表11‐4で強調したいのは、㋑支出→㋺費用配分（P／L）→㋩資産・負債（B／S）の規定関係、とりわけ㋑→㋺→㋩の論理の筋道、順序です。そして、㋩の資産のみならず負債もともに〝費用のかたまり〟として捉えられることに注意したいと思います（資産・負債の動態観）。すなわち、費用性資産＝（未配分の）将来費用のかたまり、費用性負債＝（既配分の）過去費用のかたまり、ということです。ここで「費用性」という点が動態観にほかなりません。

さらに、ここでもう1つ指摘しておくべきは、事前の配分ルールは、減価償却がその典型例ですが、先の出発点の㋑支出に示されているように当初認識時の測定基礎、つまり支出原価が維持継続されてこそ成り立つということです。

この点からみれば、現代の時価会計は測定基礎が特定時点で更新（リセット）される、つまり当初認識時から分離切断されるわけで、それはそもそも配分ルールの前提が成り立たないことを意味します。すなわち、配分ルールと測定基礎との関係（むすびつき）が重要なところです。[4] というのも、この点は先に示した㋑→㋺→㋩の規定関係における起点の逆転、すなわち㋩の資産・負債が起点になることとかかわるからです。

図表11-4の伝統枠の観点からASBJペーパーの議論をみると、㋩の資産・負債が起点になるということは、すなわち出発点の㋑→㋺からの離脱、脱却ということになり、ここに近代会計の基礎の崩壊の形がみえます。

そのことは、引当金とのかかわりでは、第3章で議論しましたが、退職給付会計や資産除去債務での債務実態のB／S適正開示（全額オンバランス）にも現れています。端的に、財務実態・リスクの開示志向→B／S中心観です。その点で、近代会計のもう1つの支柱すなわち減価償却が変容の〝最後の砦〟といえば、その変容の形が理解しやすいだろうと思います。(5)

この収支の枠と損益法という観点からすれば、㋩の資産・負債が起点になることからして、㋑と㋺が表にでてこないのは当然の成り行きともいえます。ASBJの一連のペーパーには、これまでみてきたように、この収支の枠も、また損益法の位置も、表立った論点としてでてこないのです。

それは、繰り返しますと、伝統枠の出発点㋑（収支）からの離脱・脱却であり、さらにいえば図表11-4の3つの関係（㋑→㋺→㋩）で示される近代会計の基礎の崩壊、すなわち資産・負債中心観の台頭と配分思考の後退です。前者すなわち資産・負債中心観の台頭を変容の「表」面といえば、後者すなわち配分思考の後退はその「裏」面といえます。その点で、収支の枠は伝統（発生主義会計）と現代（公正価値会計）の〝分水嶺〟にほかならない、といえるわけです。

以上の論点は、修正国際基準（ＪＭＩＳ）でのエンドースメントの拠り所ともかかわってきます。最後にこの点に触れておきたいと思います。

エンドースメントとＩＦＲＳの会計思考—最終ステージの難関

第９章の冒頭でも述べたようにＡＳＢＪは修正国際基準（ＪＭＩＳ）の公開草案を公表しましたが、重要なことはそこで謳われているエンドースメント（国内承認）の拠り所、すなわち「我が国における会計基準に係る基本的な考え方」（公開草案の８項）であり、それが何であるかということです(6)。ＪＭＩＳではＩＦＲＳに対し、ＯＣＩのリサイクル処理とともに、のれんの償却を求める修正が加えられましたが、その妥当性、正当性を主張するには、エンドースメントの拠り所を明確にする必要があるといえます（後掲の補論１参照）。

概念フレームワークは個別基準ではないこともあってエンドースメントの対象にはされていませんが、その性格上、その拠り所の議論と密接にかかわるはずです。前章および本章でみてきたＡＳＢＪの概念フレームワーク見直しへの意見発信と、ＪＭＩＳとりわけその基礎にある「基本的な考え方」とはそれぞれ別個のものではないと思われるからです。

今後、個別基準での「削除又は修正」の理由を明確にしていくことでエンドースメントの拠り所もいっそう明確化されるでしょうが、問題はそれがＩＦＲＳの基本思考と相容れないものである限りは、どう折り合いをつけていくか、あるいはいけるかです。なぜなら、両者はその基本思考を大きく異にするからです。(7) まさに第1章での異質な2つの中心にほかなりません。

こうして、この最終ステージの難関がどう決着するか、注目されるところといえます。関連して、概念フレームワークがそもそもなぜ必要か、このことを問うことは重要といえるでしょう。補論2として補足しておきます。

〈補論1〉財務会計の根幹と投資回収計算──「のれん」処理の論点

のれんの償却・非償却問題は財務会計の根幹にかかわる会計問題の1つの典型であり、それは同時にエンドースメントの拠り所が何か、という点にとっても格好の会計問題といえます。なお、IASBがのれん償却の義務付けの検討に入ったことは第2章で触れました。

さて、そこでの財務会計の根幹とは何かですが、ここでは西川郁生「『のれん』処理、日本型は妥当」（2015年1月15日付『日本経済新聞』「経済教室」）を取り上げておきたいと思います。すなわち償却支持の根幹に投資回収計算があるとする点が重要なところです。企業結合が（事業）投資であるかぎりは、投資回収計算にのせるのが財務会計の根幹にかなった会計方法といえますが、非償却・減損一本化の処理にはこの財務会計の根幹と大きく乖離するからです。

ちなみに、のれんも事業投資の一環としてでてくるかぎり、その償却を無形固定資産の減価償却

（投資回収計算）と解すれば、たとえ減価償却とはいわなくても、本質的には有形固定資産の減価償却とかわらないともいえます。

すなわち、事業用固定資産での減損には配分（減価償却）の修正という役割がありますが、のれんの減損一本化にはそもそも前段の償却がありません。一般的にいえば、減損には大きく2つの見方、すなわち配分の修正（フロー配分）と、もう1つ（配分なき）価値の修正（ストック評価）という見方がありますが、のれんの非償却・減損は後者の見地に立っているといえます。まさにストック中心観にほかなりません。[8] これに対し、前者では償却と減損のセットという点が重要で（とりわけ償却が前提）、それはフロー中心観（次期以降の償却の修正）の見地にほかなりません。

ここに、つまり減損の2つの見方、そしてのれんの償却問題のなかに、しかも同じ形で異質な（新旧）2つの中心が現れているわけで、まさに両者がぶつかるところといえます。それは楕円性という特異性ゆえに揺れ動く現代の企業会計を象徴しており（この点は第1章付記参照）、楕円形としての現代会計のあり方が如実に現れているといえるでしょう。

さらに、投資回収計算の観点からいえば、非償却・減損一本化にはそれとは異質の観点、すなわち会計情報の価値関連性（投資情報としての価値）という観点があります。つまり、のれんの償却には情報価値がないとする点ですが、これは投資回収計算とはかけ離れた異質なもので、まさに「会計基準に係る基本的な考え方」との際立った対立点といえます。[9] この点は、第2章でも触れました。

〈補論2〉概念フレームワークはなぜ必要か――比較制度論的相対化

概念フレームワークはなぜ必要なのか。そもそも論になりますが、この問いかけは現にあるものを相対化する点で重要といえます。すなわち、「現にあるもの」に「現にないもの」をぶつけることで、その正体も見えてくるといえます。強調したいのは、通念や常識にとらわれないということであり、まさに「相対化なくして真の姿は見えない」といえるわけです(10)。

さて、先の問いかけに対し、概念フレームワークは会計基準の全体整合性という観点から必要である、という答えが一般的だろうと思います。しかし、それは始めから概念フレームワークありきの議論といえます。ここで指摘したいのは、より広い観点、すなわち比較制度論的観点から、それを必ずしも必要としない国の例をみることで、概念フレームワークそれ自体を相対化することです。そうすることで、概念フレームワークなるものが英米系のプロフェッショナル会計の産物にほかならない、ということもみえてきます(11)。

日本の会計とりわけ会計理論は伝統的にはドイツの影響を受けてきたといえますが、第8章でみたように、今日の会計制度はアングロサクソン・モデルの世界伝播という世界構図・編成のなかに組み込まれているといえます。強調したいのは、現にあるものを、そうでないものから相対化してみせるということです。ここに、英米・欧州・日本の比較制度論的な相対化の議論の必要性がありま す。そこから概念フレームワークの出自もみえてくるといえるからです(12)。

注

（1）『時価会計の基本問題』第1章「『企業会計原則』と今日」では、現代会計の変容をどう見るか、その議論の出発点を「企業会計原則」、とりわけそこでの基本的な考え方（変容問題の原点）においています。
（2）詳しくは『時価会計の基本問題』第10章第2節「資産分類と測定基礎」参照。ちなみに、そこでは「原価主義適用資産からの外部投資・投機資産の分化（別枠化）という見方もできる」（266頁）と指摘しています。
（3）ちなみに、この点は斎藤静樹『会計基準の研究（増補改訂版）』（中央経済社、2013年）396頁、特にそれが現在でも暗黙のうちに共有する通念であるという点、そしてそこで取り上げられているディーチェフ（Dichev）の試論を参照。
（4）配分ルールと測定基礎については『変貌する現代会計』103-105頁参照。
（5）減価償却が変容の〝最後の砦〟という点は『揺れる現代会計』135-136頁参照。
（6）エンドースメントの拠り所としての「我が国における会計基準に係る基本的な考え方」は、伝統型と現代型の2つの中心でいえば前者をベースにした考え方ともいえます。
（7）この点は、たとえば辻山栄子編『IFRSの会計思考』（中央経済社、2015年）第1章でのIFRSの会計思考と伝統的会計思考とのパラダイム対立、とりわけその対立の構図（図表1-1および図表1-2が重要）参照。
（8）減損の2つの見方は、『変貌する現代会計』コラム2「資産＝『費用のかたまり』と減損会計」参照。
（9）この点は、のれん償却の廃止と情報価値にふれている『変わる社会、変わる会計』263頁、より一般的には同書コラム10「情報の価値と会計―不確実性と会計」参照。なお、情報価値の統計的（ベイズ）決定理論に基づく数理分析は『情報評価の基礎理論』参照。
（10）この点は『複式簿記のサイエンス』の基礎にあって、全体を貫く見方になっています。特に、「とらわれない」という点は同書「あとがき」参照。
（11）詳しくは『基礎学問としての会計学』第12章補論12・1参照。

(12) 比較制度論の基礎に多様な資本主義経済のあり方（異なるタイプの資本主義）があります。『揺れる現代会計』の2「資本主義の多様性とＩＦＲＳ」参照。

（初出『経営財務』平成27年12月14日号）

エピローグ　楕円の会計はどこへ

史的相対化の視点――国際会計基準の行方

本書の最後に、これまでの議論を踏まえて、楕円の会計はどこへ行くかについて少し触れておきたいと思います。この点は、国際会計基準（ＩＦＲＳ）の一層の世界浸透という見方（推進派）からＩＦＲＳへの何らかの批判的立場（慎重派）、さらにはＩＦＲＳの終焉といった見方まで論者によってその見解は様々です(1)。

わが国においてＩＦＲＳの任意適用が可能になって10年が経ちますが、第7章でもみたように、この間でも紆余曲折がありました。それだけに、今日の不安定な国際情勢も踏まえると、今後10年さらにその先を占うのは容易なことではありません。第8章で述べたように、ＩＦＲＳが単に会計ルールの世界基準というレベルでないかぎり、重要なことは「世界経済の大きなスパンでの構造変化や資本主義経済のあり方が一様でないことを踏まえたうえで、英米型世界標準の史的相対化の視点をもつ」ということです(2)。

以下では、楕円の思考からみるとどのようなことがいえるか、そしてどのような方向がみえてくるか、その可能性（ありうる形）の一端について述べてみたいと思います。

2つの中心と全体整合性─楕円の会計の課題

まず、2つの異質な中心が共存するのは、全体の整合性（つじつま）という観点からは問題点が指摘されます。つまり、全体のつじつまをどう合わすかという点です。もし全体整合性ということであれば、手っ取り早くは2つの中心のいずれか1つ、つまり楕円からふたたび円形の会計へ、ということになるでしょう。

実際、（投資家のいない）中小企業向けの会計は伝統型の会計を重視しているように思われます。もともとの円形への回帰ともいえます。この方向は企業の形態あるいは規模の相違に応じた2つの中心の棲み分けともいえます。この点は第2章での「会社とは何か」と会計の議論、すなわち「会社＝ヒト」の会計と「会社＝モノ」の会計との区別（株式会社の2階建て構造と会計）とも重なります。(3)

しかし、もう1つの異なる中心に限りなく近づいて行くとどうでしょうか。第1章図表1-1の系Ⅱ（現代型）が限りなく全体を覆う姿をイメージされるとわかりやすいでしょう。言い換えれば系Ⅱが系Ⅰ（伝統型）の領域に限りなく侵入、侵食していく方向ともいえます（第4章での後入先出法の廃止もその1つの事例）。

それもまた、もう1つ別の中心（現代型）をもつ円形になります。いわゆる資産・負債評価では全面時価会計、利益概念では伝統型の純利益を放棄した包括利益一本化の方向です。こうした方向に進んでいくとなると、今日のグローバルな資本市場をベースにおく企業会計のあり方はその過渡期（はざま）ともいえます。

「はざま」といいましたが、現代型の会計を中心にしてみれば、伝統型のいわば旧モデル（収支配分型モデル）を完全に払拭したわけではなく、それを残しているともいえるでしょう。第11章において伝統型の典型である減価償却が〝最後の砦〟といったゆえんであり、また配分ルールの基礎にある収支の枠（収支の制約）が2つの中心の〝分水嶺〟とも述べました。のれんの償却・非償却問題は、そのはざまで揺れ動いている典型例といえるでしょう。

融合のあり方──対立の肯定と統合

ここでいずれか1つの中心へというのではなく、2つの異なる中心を肯定しつつ両者の融合ないし統合というあり方もまた1つの方向かと思います。ハイブリッド会計の存続ともいえますが、その場合2つの中心のいずれに軸足をおくか、すなわち融合の軸足はいずれか、と問うことができます。

たとえば第2章および第3章でみたように、現行のOCI／リサイクリングのセットによる調整のあり方、つまり2つの中心のつなぎ方は、あくまで現代型の中心（公正価値会計）を軸足にしているといえます。まさに第2章で述べた「金融・開示・取引法」優位の会計というあり方がそのことを端的に示しています。金融（経済）、開示（会計）、取引法（法）という相互にリンクする3つの軸足です。これに対し伝統型の中心は、実物（経済）、計算（会計）、組織法（法）を軸にしているといえば、両者の相違がいっそう浮き彫りになるでしょう。その点で2つの中心の融合というより、片方（現代型）の中心へのかぎりない傾斜、収斂といえます。[4]

しかし、それとは逆に、むしろ伝統型の中心の方を軸足にすることも考えられます。たとえば第7章でコンバージェンスの推進役になれるかという点で述べましたが、「和魂洋才」なる融合の形です。ここで「和魂」＝伝統型のコアにあるフロー中心思考、というのがミソです。楕円のままで、対立する2つの中心の肯定とその融合、統合の道（あらたな秩序形成）ともいえます。

それは、第11章で取り上げたエンドースメント（国内承認）の拠り所、すなわち「我が国における会計基準に係る基本的な考え方」とＩＦＲＳの会計思考とのすり合わせ、あるいはまた日本版概念フレームワークの二層構造の形（融合の形）にもみられます。[5] ここでエンドースメントの拠り所は、伝統型と現代型の2つの中心でいえば、前者をベースにした考え方ともいえますが、それだけに伝統型の中心（コア）にあるものが何か、ここをしっかり押さえておくことが肝要といえます。

こうして楕円の思考は変貌を遂げる今日の企業会計の基礎に何があるかを明らかにするだけでなく、楕円の会計はどこへ行くか、つまりその行方の方向性（可能性）を見定める座標軸（視座）にもなりうるといえるのです。

注

（1）ここでＩＦＲＳに批判的立場から書かれたものとして岩井克人・佐藤孝弘『ＩＦＲＳに異議あり』（日本経済新聞出版社、２０１１年）をあげておきます。

（2）この点とかかわって、『基礎学問としての会計学』第10章第4節「混迷の根っ子」では現代会計に横たわる難問（アポリア）について議論していますが、ここにも2つの中心ができてきます。

（3）関連して『変わる社会、変わる会計』の4「中小会社会計と会計参与制度」では、「会計の原点」としての「会社＝ヒト」の会計に触れています（60頁）。

（4）ここで、別の望ましい両者の両立と統合のあり方という点で、そのキーになる概念をあげれば市民社会と市場そして会計（フィデュシャリー・キャピタリズムと会計）です。詳しくは『揺れる現代会計』7-9頁参照。会計と市場と社会の関係については、同書の対談Ｉ（シャム・サンダー教授）での「より良い会計とは何か」をめぐる議論（１６８-１６９頁）を参照。

（5）日本版概念フレームワークの二層構造の形は『変貌する現代会計』図表8-1（１４４頁）、および本書第9章補注1参照。

あとがき——教科書では見えない現代会計

まえがきでは、「特に異質な2つの中心がそれぞれの文脈のなかで具体的にどのような形で現れているか、この点を読み取っていただければと思います」と述べましたが、各章（第1章から第11章）での2つの中心が交錯・交渉する様々な局面（場）を列挙してみれば、それが全体のすべてではないにしても、あらためて現代の企業会計の中にかくも多くの交錯の局面が見られることに気づくはずです。

プロローグでも述べましたように（異質な2つの中心の現れ方）、読者にはその様々な現れ方の全体像をつかんでいただきたいと思いますが、そのさい、特に各局面の点をつなぐ線、さらにその線をつなぐ全体図を描くと一層の理解に役立つでしょう。そして、その全体像から何が見えてくるか、その根っこのところも明らかになるでしょう。

後進の人たち（中堅・若手）には、通常のテキストでは見えてこない現代会計の真の姿を見せるためにも、こうした全体を見渡せる、そしてその根っこを明らかにするテキストを作成していただければと思っています。本書にはそうした思いも込められています。

会計の世界で何が起きているか、その全体を見渡すにはどのような見方・思考が有効なのか、本書がそのための一助となれば幸いです。

最後に、出版にあたりお世話になった日本評論社の小西ふき子氏にお礼申し上げます。

2020年3月

石川純治

〈著者紹介〉
石川純治（いしかわ・じゅんじ）

1948年高知県生まれ。大阪市立大学名誉教授。博士（経済学、商学）。
放送大学客員教授、公認会計士第２次試験委員、税理士試験委員などを歴任。

●主要著書
『情報評価の基礎理論』（中央経済社、1988年）
『時価会計の基本問題』（中央経済社、2000年）
『経営情報と簿記システム（４訂版）』（森山書店、2004年）
『キャッシュ・フロー簿記会計論（３訂版）』（森山書店、2005年）
『変わる社会、変わる会計』（日本評論社、2006年）
『変貌する現代会計』（日本評論社、2008年）
『変わる会計、変わる日本経済』（日本評論社、2010年）
『揺れる現代会計』（日本評論社、2014年）
『複式簿記のサイエンス（増補改訂版）』（税務経理協会、2015年）
『基礎学問としての会計学』（中央経済社、2018年）
ほか。
●ウェブサイト
http://stoneriver.main.jp/profile.htm

楕円《だえん》の思考《しこう》と現代会計《げんだいかいけい》――会計《かいけい》の世界《せかい》で何《なに》が起《お》きているか

2020年５月20日　第１版第１刷発行
著　者／石川純治
発行所／株式会社日本評論社
〒170-8474 東京都豊島区南大塚3-12-4
電話03-3987-8621（販売）、03-3987-8611（代表）
振替00100-3-16
印　刷／精文堂印刷株式会社
製　本／井上製本所

ISBN978-4-535-55974-5
装 幀――林健造